# 레비나스와의 대화
## 에세이와 대담

**Emmanuel Lévinas : Essai et entretiens**
by François Poirié



레비나스와의 대화
에세이와 대담

지은이 에마뉘엘 레비나스, 프랑수아 푸아리에
옮긴이 김영걸

1판 1쇄 발행 2022년 4월 20일

펴낸곳 두번째테제
펴낸이 장원
등록 2017년 3월 2일 제2017-000034호
주소 (13290) 경기도 성남시 수정구 수정북로 92, 태평동락커뮤니티 301호
전화 031-754-8804 | 팩스 0303-3441-7392
전자우편 secondthesis@gmail.com
페이스북 facebook.com/thesis2
블로그 blog.naver.com/secondthesis

ISBN 979-11-90186-21-6 93160

# 레비나스와의 대화

## 에세이와 대담

**Emmanuel Levinas**
**Essai et entretiens**

에마뉘엘 레비나스
프랑수아 푸아리에
지음

김영걸 옮김

ㅂ
ㄷ
ㄴ

차례

## 일러두기

1. 이 책은 *Emmanuel Lévinas : Essai et entretiens,* Actes Sud, Arles, 1996.을 저본으로 삼고, 영역 및 일역본을 참고하여 완역한 것이다.

2. 본문에 나오는 이탤릭체는 볼드체로 표기했으며, 책 제목은 『 』로 잡지 제목은 「 」로 표기하였다. 이외에 이해를 돕기 위해 옮긴이 주 및 영역본 주를 추가하였다. 또한 인명 및 용어 해설을 수록하였다.

3. 외국 인명, 지명은 국립국어원의 외래어 표기법과 용례를 따랐다. 동유럽 지명은 대체로 원서를 따랐고, 괄호 안에 현 지명을 표기해 두었다. 국내에서 이미 굳어진 인명과 지명의 경우 통용되는 표기로 옮겼다. 의미 전달을 위해 필요한 경우 원어나 한자를 병기했다.

# 들어가며

"보편 철학의 장서" 속에서 확실히 높은 곳에, 그렇지만 그곳에서 다소 약간 떨어진 모호함의 한 구석자리로 레비나스의 작품을 서둘러 분류하게 하는 두 가지 "통상적 견해"를 이 입문서를 통해 가능한 한 바로잡기를 염원한다. 여기서 말하는 통상적 견해란 한편으로는 레비나스를 가까이하기 어려운 저자, 독특한 전문가, (이국적인 정서와 공허함으로부터 떠오르는 것과 더불어 어떤 "특수성"으로써 간주되는 철학에) 특정된 저자로 보는 것이고, 다른 한편으로는 보통 "유대인 사상가"(글자 그대로, 이러한 규정은 하등의 의미가 없다—이때 이 말은 그것이 가리키고자 하는 현실에서는 너무도 빈약하다)로 에마뉘엘 레비나스를 소개하는 것을 말한다.

작품의 내면에 대해 말하는 것이 아니라면, 레비나스의 사유와 책을 통해 그를 소개하는 것이 아니라면, 이 작업이 다른 어떤 것보다 요구하는 주의attention와 독서의 "탁월함"을 선호하기 위해 지엽적인 것과 "단순한" 것을 거부하는 것이 아니라면. 요구 사항에 대해 어떻게 응답할 수 있겠는가! 어떤 비판적 용이함에 의해 이 작품을 이해시켜 준다고 주장하면서—이것은 그 자체로 앎lumière이다—작품의 복잡성을 단순화하는 것은 무익할 것이다. 그것의 논리로부터 복잡성을 삭제하는 것일 테니까. 또한, 그것의 폭넓음에 의해 곧장 모든 자의적인 축약réduction을 용인하지 않는 이러한 사유를 어떤 다른 언어로 표현하는 것도 무익할 것이다. 레비나스는 철학자다. 그 자체로 그는 읽혀져야 하고, 언급되어야 하고, "숙고되어"야 한다.

레비나스는 "철학적 사유는 철학 이전의 경험들에 근거한다"고 말한다. 이와 관련하여, 이 철학 이전의 경험들은 세 가지 차원에서 다른 강도剛度로 존재했다. 바로 문학적, 정신적, 역사적 강도로.

**문학** : 이것은 매우 일찍 러시아의 작가들, 특히 도스토예프스키에 열중한 레비나스의 독서에 기인한다. 도스토예프스키의 위대한 소설들을 가로지르는 형이상학적 문제 제기는 젊은 레비나스에게 깊은 인상을 주었고 그에게 최초의 철학적 입문을 구성했다.

**정신** : 청소년기의 성서 읽기는 레비나스에게 전쟁 직후 탈무드 연구에 탁월한 대가 슈샤니와의 만남에 의해—절대 사라진 적 없는—정신적 호기심을 냉철함과 함께 싹트게 했다.

**역사** : 러시아를 가로질러 이후 프랑스로의 이주. 1930년대부터 히틀러주의와 함께 피할 수 없는 "세계 종말"의 전조를 레비나스는 예감한다.

이상은 이 책의 대략적인 요약이다. 레비나스는 대담을 계속하면서 오랜 시간 자신의 경험들에 대해 말한다. 처음 후설과 하이데거를 공부하면서, 동시에 탈무드 텍스트를 주해하면서, 치열하게 삶을 살아가면서, 자신을 성찰로 이끈 다양한 경로의 교차로에 있는 사상가로 만든 경험들에 대해 말한다. 나는 매일 철학적이면서도 종교적, 윤리적, 형이상학적인 질문들을 할 것이다.

오래전부터 레비나스는 소수에게 존경받았다. 첫 번째 책 『후설 현상학에서의 직관 이론』에서부터, 그는 "철학의 기대주"로 주목받고 평가받았다. 나중에 사르트르는 후설을 발견하는 데 이 저작이 지닌 중요성을 인정하게 된다. 하지만 최근까지 레비나스의 철학책 또는 특히 유대주의에 더 치중한 레비나스의 책들은 열렬하고도 끈질기게, 주로 그를 따르는 조예 깊은 독자들만을 위한 것이 되었다. 그러나 몇 년 전부터 레비나스는 모두에게 알려지게 되었고 저작 또한 널리 배포되었다. 그의 책들은 포쉬[1] 문고판 총서로 발간되었고, 젊은 작가들이 레비나스의 사상으로 에세이를 쓴다. 그의 책은 또한 일본, 미국, 멕시코 그리고 유럽의 모든 나라에서 번역되고 있다.

왜 이러한 열풍이 일어났을까? 아마도 시대가 정치적이기보다는 도덕적이기 때문일 것이다. 또한, 오늘날 신

1 [옮긴이] 포쉬poche는 프랑스어로 '주머니'라는 뜻으로, 주머니에 들어가는 작은 크기의 책을 가리킨다.

과 정신성에 대해 말하는 철학자가 "진중한" 사유자들 사이에서 더 이상 배제되지 않기 때문이다. 더구나 서양에서는 매우 강제적으로 일어나는, 근동Proche-Orient의 광신적인 종교적 단계로의 현실적 회귀와 레비나스의 도덕 사이에 거북스러운 합병이 일어날 수도 있는 위험을 무릅쓰고서라도, 이러한 열풍을 배제할 수 없다. 인간을 인간성 자체와 **자기에 반反함**malgré lui에 의해, 누구라도 타인을 위한 책임으로 바쳐지게 하는, 레비나스의 도덕이 말하는 어려움에도 불구하고 말이다.

특별히 나는 레비나스가 불러일으키는 감탄이 주로 그의 사유 방식의 심원한 독창성에서 온다고 생각한다. 어떤 철학자도 모리스 블랑쇼가 레비나스에 관해 사용하는 표현을 되풀이하기 위해, 날마다 은밀히 우리에게 스며드는 이러한 명백함에 그토록 많은 주의와 요청으로 숙고했던 적이 없다. 예를 들어 "타자와의 관계는 신비와의 관계이다" 또는 "죽음, 이것은 계획을 갖는 것의 불가능성"이라고 쓴 것이 레비나스 아닌가? 이것은 아마도 그가 지닌 사유의 진정한 의미를 이루는 것이다. 이러한 주제들의 매력 아래서, 독자는 가장 중요한 개념적 결합과 가장 중대한 이론적 엄격성을 발견한다.

레비나스의 철학 여정이 지닌 이러한 독창성을 증언하는 것은 또한 그의 매우 개인적인 경험에도 의거한다. 후설에 의해 관심을 갖게 된 현상학적 심리학과 상호주관성의 구성에 관한 레비나스의 성찰. 레비나스는 1928년 프라이부르크로 떠났고, 스승(후설)의 가르침을 따른다. 거기서 아주 우연히 그는 하이데거를 만난다. 인간과 활동l'œuvre. 이것은 놀라움이다. 존재와 존재의 토대에 대한 하이데거의 질문은 윤리적 가치들이 가장 중요한 유대 문화, 선출 의식이 타자에게 관심을 갖도록 했고, 타자를 "타자"로서 이방인 그리고 알 수 없는 자로서 존중하도록 강제하는 유대 문화에 의해 길러진 이 젊은 철학도에게 결정적인 것으로 다가왔다. 이후로 레비나스는 윤리와 형이상학의 경계에 자신의 모든 작업을 위치시킨다. 거기에서 레비나스는 자신의 어휘를 되찾기 위한 인간의 인간적인 것을 찾는다. 프랑스로 돌아와 레비나스는 박사 논문 『후설 현상학에서의 직관 이론』을 발표한다. 그리고 일련의 철학 개론서를 읽기 시작한다. 이것은 그가 "유념해야 할 그의 스승들"과 마주하여 조금씩 거리를 유지하도록 할 수 있게 했다. 그는 점점 더 잘 식별하고 분석하여, 자신에게 고유한 철학을 벼려 낸다. 이후 탈무드에 관한 주의 깊은 해석, 유대교에 대한 에세이 그리고 동시에 레비나스가 "존재론적 이기주의égoïsme"라고 부르는 것과의 단절로써 윤리를 강조하는 『전체성과 무한』 또는 『존재와 달리 또는 존재성을 넘어』라는 훌륭한 작품이 나온다.

우리는 이 "레비나스 입문" 안에서 유대교에 대한 어떤 특별한 장章도 발견하지 못할 것이다. 이는 아마도 뜻밖일 텐데, 여기에는 세 가지 이유가 있다.

연구, 독해, 삶 속에서 그리고 오늘날 프랑스와 세계에서 나타나는 유대교에 대한 비판과 애정amour 속에서, 신호 역할을 해 주는 레비나스의 중요성을 마지못해 간결한 방식으로라도 여기서 환기하는 것이 내게는 무익한 일인 것 같았다. 이러한 역할은 보통 잘 알려져 있다. 그러므로 이러한 역할을 할 것인지 말 것인지 망설이는 일은 (나는 더 큰 요청을 상쇄하는 극도의 절제를 말하고자 한다) 내게 레비나스 작품의 많은 주제 가운데 하나인 유대교에 이르지 않아도 됨을 확인시켜 주었다. 당연히도, 이것은 레비나스 작품에서 유대교의 현전하는 사유présence-pensée를 침묵하는 것과는 관련이 없다. 하지만 하나의 "질문"으로 현전하는 사유를 다루기 위해 단어들로부터 이것을 떼어놓는 것은 받아들일 수 없는 내기 같았다. il y a[2]라는 질문, 확실히 레비나스는 이를 해결해야 하는 문제의 형태로 제기하지 않는다. (유대교 그-자체가 아니라면 이 질문의 답이 한편으로 무엇이겠는가?)

내가 유대교를 다루지 않기로 한 또 다른 이유는 내가 유대인이 아니기 때문에 유대교 내부에 대해 말할 수 없었기 때문이다. 그러나 나는 충실성("믿음 없는 충실성", 우리는 레비나스의 몇몇 텍스트 또는 몇몇 입장에 관해 이처럼 말

2 [옮긴이] 프랑스어 il y a[일 이 아]는 영어로 There is의 의미와 같다. il y a는 '그저 있음' 또는 '익명적 있음'으로 번역되는데, 이 책에서는 앞으로 계속 언급될 이 il y a를 한국어 번역 없이 원어 그대로 사용하겠다.

했을 수 있다)으로 이해된 유대교가 자기-자신에 대한 위험을 무릅쓰지 않고서는 긴 시간을 두고 상세히 설명될 그것의 많은 의미화를 잃을 것이라고 생각한다.

마지막으로, 확실히 직접적으로 성서 구절들(레비나스가 미뉘Minuit 출판사에서 출간한 "탈무드 독해")의 주석을 적어 둔 책들과 순수 철학 책들(레비나스가 스스로 말한 것과 같이 "모두를 위한 저서écrits")을 구별하는 레비나스. 이러한 면이 레비나스가 단지 한 명의 "유대인 사상가"로서 소개되고 그를 유대교와 연관 짓기를 강제하는 데 큰 의미를 갖지는 않을 것이라 생각한다. "나는 항상 유대인이었다." 이는 레비나스의 습관적인 반어법으로, 성서와의 관계에 대한 질문에 그는 이같이 답한다. 레비나스를 "유대인 사상가"라고 말하기보다는 "사유하는 유대인" 그리고 또한 유대교를 사유하는 유대인이라고 말하는 편이 낫다.

성찰과 해석으로 가득 찬 50대 시기에, 레비나스는 작품 15편을 발표했다. 인내하는, 신중하면서도 완고한 사상가, 그는 여기저기서 수집하거나 무의미한 것에 대해 말하기보다는 전적으로—무한히—자신에게 소중한 몇몇 주제들을 다루기를 선호한다. 책에서 책으로, 텍스트에서 텍스트로. 레비나스는 존재, 얼굴, 신, 인간 타자, 죽음 그리고 사랑을 묻는다. 그리고 "사랑의 지혜로써" 존재하는 도덕을, 사랑의 지혜를 그 자체로 쓰는 도덕을 설립한다. 레비나스가 우리에게 주고자 했던 긴 대담에 의해 풍부해진 이 절제 있는 "레비나스 입문"이 고독과 열정 안에서 이루어진, 오늘날 환히 반짝이고 있는 그의 작품을 다소 더 잘 알게 하는 데 기여할 수 있기를 바란다. 신선함과 감탄할 만한 지적인 힘을 지닌 작품이 되기를.

# 주체의 탄생

형이상학이 세우려고 애쓰는 것, 형이상학이—다른 표지들 사이에서—매우 빨리 만나는 것은 주체, 즉 사유 혹은 자아이다. 윤리가 근거를 두고자 하는 것, 이것은 주체, 주체들에 대해서, 즉 윤리가 출발하는, 윤리가 말하는 주체-객체에 대해서이다. 레비나스는 이것을 잘 안다. 그는 형이상학적이고 도덕적인 주체의—어려운—이 탄생에 대해 새롭고 혁신적인 방식으로 오랫동안 자문해 왔다. 탄생? 이것은 정당한 단어인가? 이것은 오히려 갑작스런 밤夜보다 더 강력한 섬광, 주체의 폭로인 빛 아닌가? 존재자의 드러내기 아닌가? 이것은 익명적이고 비인격적인 **il y a** 가운데서의, 보편적인 존재 가운데서의 발현이고 주체의 나타남, 개체화된 존재의 노출이다. 탄생의 경이와 신비다.

레비나스의 작품을 관통하면서—요동치지만 기발한 방식으로 또한 참을성 있고 신중하게—보편 존재와 **il y a**의 중성성neutralité을 깨뜨리는 그리고 얼굴과 타자를 나타나게 하고 빛나게 하는 열림의 폭넓은 운동이 암암리에 그려진다.

이 운동, 우리는 이 운동을 의미의 탐색으로 게다가 무-의미에서 벗어나는 시도로 정의할 수 있을 것이다.

"존재에서 존재자로 그리고 존재자에서 타인으로 이끄는 길."
_『어려운 자유』

책임적 주체성의 표명, 타인의 타자성의 환원불가능성, 윤리의 우위. "타인에게로 가기"의 이 세 가지 계기들은 우리에게 본질적인 것으로 나타난다.

## 1. 주체성과 **IL Y A**

형식, 단어들 너머에 탄생과 주체가 있다. 레비나스 사유에 관한 모든 주장의 기초가 **되어야만 하는** 섬세한 의미들로 우리는 다음과 같이 말할 수 있다. 주체는—또는 주체성은—저항하면서, 벗어나면서, **il y a**에서 태어난다.

**il y a** : 레비나스 사유의 핵심 개념.

"빛과 의미는 il y a의 이 끔찍한 중성성 안에서 오직 존재자들의 출현과 지위가 함께 발생한다." _『어려운 자유』

**il y a**는 무엇인가?

"존재자 없는 존재인 익명으로 존재하기의 혼란스러운 속삭임."
_『어려운 자유』

이것은 비인격적이고 익명적인 존재의 두려움이다. 아마도 레비나스는 여기서 하이데거의 흔적 안으로 들어가면서 그 흔적에서 벗어난다. 하이데거 역시 본래의 **il y a**(이것은 es gibt[1]라는 개념이다)에 대해 말한다. 하지만 하이데거의 저술에서 이것은 존재하는(**geben** : 독일어로 '주다') 모든 것을 풍요롭고 비옥하게 하는 **il y a**와 관련한다. 반대로 레비나스에게 **il y a**는 "어떠한 이타성"도 가지지 않는다. 이것은 불확정적 존재의, 인간성을 고려하지 않고 실존에 저항하는 존재의 귀먹은 그리고 비가시적인 현전으로써 들리는 밤 동안의 침묵, 속삭이는 침묵이다.

"밤은 '모든 것이 사라졌음'의 나타남이다"_『문학의 공간』

모리스 블랑쇼는 이렇게 레비나스와 같은 말로 쓴다.

하지만 이 존재함의 밤, 이 비인격적인 **il y a**는 아무것도 아니다. 이것은 절대적으로 중성적이다. 이것은 **무**가 아니다. 레비나스는 또한 다음을 주장한다.

"우리는 하이데거의 불안에 밤의 공포, '어둠의 침묵과 공포'를 대조한다. **무의 두려움**과 **존재의 두려움**의 대조."_『존재에서 존재자로』

가까스로 나타난, 가까스로 싹트기 시작한, 겨우 초보 단계에 불과한 주체성을 위해 이것은 중성적인 존재에서 빠져나오는 것과 관련하고, 본질 **저편**의 존재자가 되는 것과 관련할 것이다. 어떻게 존재 밖으로 이러한 빠져나옴이 행해지는지를 검토하기 전에 레비나스 사유의 핵심, 주체의 지위에 관한 질문으로 잠시 돌아가자.

1 [옮긴이] il y a의 독일어 표현.

이러한 사유의 독창성을 파악하는 것을 도와주고 왜 오늘날 이러한 사유가 그토록 독특한 위치를 점하는지 이해하는 데 도움을 주는, 강조해야 할 두 가지 중요한 점이 우리에게 나타난다.

2차 세계대전, 더 명백하게는 유대인 학살이 주체 개념 자체를 근본적으로 흔들었다. 유형수들을 태운 기차를 강제수용소로 이끄는 무장한 나치들은 어린이, 여자, 남자를 "화물"로 취급하지 않았던가(클로드 란츠만Claude Lanzmann의 영화 《쇼아》Shoah에서 수집된 증언들을 보라)? 아마도 역사에서 처음으로 인간 존재는 아무런 가치가 없었다. 이들은 싸워야 하는 적도 교환해야 하는 포로도 아니었다. 이들은 파괴해야 하는 **사물**이었다. 왜냐하면, 이것은 이러저러한 특성에 대한, 이러저러한 차이에 대한 반감이 아닌 모든 도덕과 모든 법을 무시하는 나치의 공포가 행했던 **다른 사람**에 대한 반감 때문이다. 레비나스의 주요 저작인 『존재와 달리 또는 존재성을 넘어』에서의 헌사는 그 점에 대해 말하는 듯하다.

"유대인에 대한 미움, 다른 사람에 대한 동일한 미움으로 인한 희생자들. 종교적 믿음 때문에 그리고 어떤 민족에 속했다는 이유 때문에 희생당한 무수한 사람들과 더불어 나치들에 의해 살해당한 6백만 명. 그들 가운데 내 가장 가까이에 머물렀던 이들을 기억하면서."

만약 레비나스가 작품에서 한번도 악의 극단적인 표

현으로서 그리고 저물어 가는 20세기 **도덕**의 새로운 가능성들의—그리고 한계들의—근거로서 집단 학살을 쓰지 않는다면, 악의 이러한 절대를 구성했던—그리고 후에 소련의 강제노동수용소와 전체주의의 근대적 형태들이 되풀이하는—주체 개념의 흔들림은 그의 작품에서 질문으로 개입할 것이다. 역사에 의해 훼손된, 조롱된, 살해된 주체의 지위는 무엇인가? 인류가 저버렸던 인간의 지위는 무엇인가?

"아우슈비츠의 기억 속에서, 우리에게 말했던 자들의 기억 속에서, 때때로 화장터 가까이에 폐기된 메모들 속에서 어떻게 철학을 하고 어떻게 글을 쓰는가? 지나간 것을 명심하고 잊지 말아야 한다. 동시에 결코 알아내지 못할 것이다. 이것은 레비나스의 모든 철학을 관통하고 지탱하는 그리고 그가 모든 의무 너머에, 모든 의무 이전에, 사유를 말함 없이 우리에게 제안하는 사유이다."_ 모리스 블랑쇼, 『에마뉘엘 레비나스를 위한 텍스트들』

비인격적인 존재 밖에서 주체를 떼어놓음, 존재론적 질서의 단절은 아마도 **그곳에서** 사라진 자들의 기억 속에 태어난 역사적 질서의 단절과 대응할 것이다. 그렇기 때문에 이것은 타인을 **위한** 책임적인 강렬한 주체성의 표명이며 "더 낮은 존재가 아닌 하지만 주체의 **방식**"인 의식의 표명이다. 이것은 단절의 힘이고, 중성적이고 비인격적인 원칙의 거부, 헤겔적인 전체성의 거부 그리고 정치의 거부이다. … 이것은 말해진 말의 뒤편에서 사회학이 창시되지 않는 또는 참조의 체계 내에서 이 말의 자리를 찾는 그리고 원하지 않았던 것에 말을 돌리는 심리학이 창시되지 않는 말하기의 힘이고 말의 자유이다. **그러니까 비인격적 판결을 기다리는 대신에 역사를 판단하는 힘이다.**"
_『어려운 자유』

역사를 판단하는 이 힘은 **~에 대한** 힘이 아니라 **~를 위한** 힘, 더 많은 책무, 책임이다. 레비나스의 명확성을 이해해야만 하는 까닭은 다음의 견지에서다. 사회학도 심리학도 없는 말의 자유, 즉 보호의 틀 없는 "어려운" 자유. 이 자유가 우리를 강조하고자 하는 두 번째 지점으로 이끈다.

미셸 푸코는 "인간은 앎 가운데서 태어난다"고 주장했다. 레비나스는 "주체는 타자를 위해 있다. 주체의 존재는 타자를 위해 떠나간다. 주체의 존재는 의미화 속에서 죽어간다"고 쓴다. 여기서 인간학과 구조주의 사상가들의 객관주의에 의해 실행된 주체의 해체와 책임적 주체의— 하지만 타인을-위한-책임적 주체 그리고 그의 지상권을 잃은 주체, 우리는 여기로 되돌아갈 것이다—재-탄생과 레비나스를 읽으면서 우리가 목격한 듯한 재-탄생을 대조하는 일은 너무나도 쉽고 무모하다.

너무나도 쉽다는 것, 왜냐하면 레비나스는—그는 뒤따르는 대담에서 말한다—구조주의와 관련해서는 전혀 숙고하지 않았기 때문이다. 오히려 타인을-위한-책임적 주체성이라는 개념은 아마도 예를 들어 레비-스트로스 또는 푸코와의 대립보다는 도스토예프스키, 로젠츠바이크 또는 부버의 작품들과 더 상관 있다. 어떤 철학자가 주체의 (형성된, 형성되는) 주체성에 대해서 관심을 갖지 않겠는가? 플라톤에서 푸코까지—푸코의 『성의 역사』에서 주체 역사의 실마리를 보아서는 안 되는가, 진리에 대한 역사의 초석 자체를 보아서는 안 되는가?—칸트, 헤겔, 키르케고어, 하이데거를 거치면서 보아서는 안 되는가? 안 된다. 현대 철학자들과 관련하여 레비나스를 꼭 위치시켜야겠다면, 이것은 거론되어야만 하는 사르트르의 모습일 것이다.

『존재와 무』의 한 대목, 현상학적 존재론을 말하는 이 에세이에 나오는 일종의 도덕적 여담인 "자유와 책임"에서 사르트르는 다음과 같이 쓴다. "자유롭도록 선고된 인간은 그의 어깨 위에 전 세계의 짐을 진다. 인간은 존재의 방식으로서 세계와 자기-자신에 대해 책임이 있다." 더 나아가 그는 분명히 말한다. "나는 사실 나의 책임 자체를 제외하고 모든 것에 대해 책임이 있다. 왜냐하면, 나는 나의 존재의 근거가 아니기 때문이다. 모든 것은 마치 내가 책임이 있다고밖에 할 수 없었던 것처럼 지나간다." 마찬가지로 레비나스에게 책임은 강요이고 절대이다. 그러나 두 철학자들 사이의—결정적인—견해차가 여기서 나타나기 시작한다. 레비나스는 자유 **이전에** 그리고 타자를 **위해** 책임을 생각한다. 그리고 레비나스는 타인의 잘못에 대해서 또는 타인의 죽음에 대해서 책임이 있는 주체를 표명하기까지 나아간다. 책임은 어떠한 결정, 어떠한 선택에서도 발생하지 않는다. 책임은 근본적인 수동성이며, "괴로움을 겪음"이다. 이 점에 대해서 레비나스는 어려운, 아니면 듣기 불가능한 문장들을 가진다. 만일 우리가 전능한 선택의 자유라는 사르트르적인 관점에서 벗어나지 못한다면, 만일 우리가 유명한 그의 악명 높은 "지옥, 이것은 타자들이다(타인은 지옥이다)"를 거부하지 않는다면 말이다. 레비나스는 『존재와 달리 또는 존재성을 넘어』에서 이렇게 쓴다.

"타자의 잘못에 **의해** 고통을 겪음에서 타자들의 잘못을 **위한** 고통을 겪음이 움튼다." 또는 "타인에 **의해** 겪음은 '타인에 의해서'가 이미 '타인을 위해서'인 경우에만 절대적인 인내이다. 이러한 전이轉移는 주체성 자체이다." 혹은 "… 겪었던 능욕에서 박해자를 위한 책임으로 이동하기."

왜 우리는 순진하게 이러한 "마조히즘masochisme"의 필연성을 요구하게 되는가?

왜냐하면 이것이 익명의 그리고 비인격적인 **il y a**로부터 벗어나는 것과 관련되기 때문이다. 그리고 책임은 주체가 미처 자기Soi, 의식, 자유의 의식으로 구성되기도 전에 본질을 파기하고 곧장 주체를 타인을-위한 주체의 지위로 승격시킨다. 즉, 주체를 도덕적 주체의 지위로 승격시킨다. 그렇기 때문에 레비나스는 다음과 같이 쓸 수 있다.

"도덕은 철학의 한 분과가 아니라, 제1철학이다."_『전체성과 무한』

주체의 탄생. 그러나 타자에게 복종하는 사람으로서 주체의 탄생. 면직된destitué, 허약한 주체의 탄생. 타인에게 바쳐진("바쳐진 그러나 바치지 않는") 약함의 탄생.

## 2. 타인의 가까움 안에서…

무한 속에서 마주보고 만나는 우리는 두 존재이다.
도스토예프스키, 『악령』

면-직된dé-posé 주체는 우리가 주체를 지배자에 관한 것으로 얘기하는 것처럼, 타자로 향해 있다. 특히 자기에 **반反해** 타자를 **위해** 행해지는 타인을 향한 운동으로써 이해해야만 하는 언어와 욕망 안에서.

정감성affectivité. "주체의 주체성, 이것은 상처받기 쉬움vulnérabilité, 변용affection에 대한 노출, 감성, 수동성보다 더 수동적인 수동성." _『존재와 달리 또는 존재성을 넘어』

### a) 언어

말하기, 이것은 타인으로의 접근을 감행하고, 타인과 "관계intrigue 맺기"를 시도한다. 우리는 여기서 하이데거의 주제를 발견한다. 존재자가 존재의 드러냄이 아닌 것처럼 말해진 것Dit은 결코 말함Dire의 전개 또는 실현이 아니다. 모리스 블랑쇼는 "말함은 줄곧 말하고 있는 것을 달래 주지consoler 않는다"고 훌륭하게 썼다.

이런 의미에서 언어는 사유의 표현이 아니라 소통을 시도하는 조건이다. 말하기, 이것은 단순히 어떤 것을 말하는 것이 아니라 타인에게 노출되는 것이다. 레비나스에게 세계의 단어를 두는 것과는 거리가 먼 언어는 우선 타인**에게 말 걸기**, 부르기un appeler이다. 모든 참된 말은 청원이고 말로서의 간청이다. 언어는 타인에 대한 인식의 경험도 수단도 아닌 타자, 이방인과의 만남의 장소이고 타자의 알 수 없음이다. 여기서 언어의 이러한 문제를 다루는 레비나스에 대한 모리스 블랑쇼의 텍스트를 길게 충분히 인용할 수 있다.

"형태들이 밝혀지는 공간 속에 나타나지 않는 타인의 계시는 전적으로 말parole이다. 타인은 이 말 속에서 자신을 표현하고 타자로서 나선다. 만일 타자와 동일자가 관계를 유지하면서 이 관계에서 사면되는 관계를 가진다면, 레비나스가 강하게 말하는 것처럼, 관계 자체 안에서 그처럼 절대적으로 있는 항들, 이 관계, 이것은 언어이다. 내가 타자에게 말할 때, 나는 타자에 호소한다. 무엇보다도 말은 불러세움interpellation이고 희구invocation이다. 간청을 받는 자가 힘이 닿지 않는 곳에 있는 이 희구는 모욕당하기도 하고 존중되기도 하고 심지어 잠자코 있으라고 명령 받기까지 하며 말의 현전에 부름 받기도 한다. 그리고 말은 내가 그에 대해 말하는 것, 담론의 화제 또는 대화의 주제로 환원되지 않는다. 그러면서도 나를 넘어서는 그리고 나의 위로 불쑥 솟아오른, 항상 자아의 저-편 또는 바깥에 있는 것으로 돌아간다. 왜냐하면 나는 무명인inconnu에게 나를 향해 돌아서길 간청하고 이방인에게 내 이야기를 들어주기를 간청하기 때문이다. 말 속에서, 이것은 말하도록 하면서 그리고 말할 수 있게 하면서, 말하는 바깥이다." _ 『무한한 대화』

"항상 자아의 저-편 또는 바깥에 있는 것." 어떤 운동이 우리에게 타인의 붙잡을 수 없는 가까움을 언어보다 더 잘 예측하게 할 수 있는가? 대화 안에서, 타인은 드러남 없이—언어는 드러내는 만큼 은폐한다. 아니면 드러내지 않은 것 이상으로 은폐한다—타자로서 그의 현전을 표명한다. 타자는 내게 **그의** 환원할 수 없는 자리로부터 나의 자리로, 멀리서 그러나 아주 가까이서 내게 말할 수 있게, 나를 들을 수 있게, 내게 응답할 수 있게 거기에 있다고 말한다. 대화의 역설 : 내가 타인에 가까이 한다고 믿는 순간 그는 나를 벗어난다. 말하는 자로서의 나와 간청을 받는 자로서의 나는 서로 낯설게 있다. 만남은 결합이 아니라 두 이야기의—간격 안에서—서로 뒤섞이고 서로 멀리하는 접근이다. 둘 사이의-말dia-logos.

"이것은 명백히 네가 절대적으로 나와 다르고, 서로의 대화가 있기 때문이다. … 앎으로서의 사유가 자기 기준으로 생각하는 세계 내부에서, 지각과 이해가 주어진 것을 파악하고 제 것으로 삼고 그것에 대해 만족하는 세계 내부에서 수립되는 모든 관계들의 상이한 관계." _ 『이념에서 오는 신에 대해』

무엇보다 **분리**에 대한 철학적 성찰인 레비나스의 언어에 관한 이같은 성찰을 조금도 왜곡하고 싶지 않다. 필요하다면, 그리 오래지 않아 개인을 "개인을 통해 말해지는 담화"로 환원하고 이 담화를 동일시하면서 인간을 안다고 주장하는 자들, 권한이 없어 고심하는 정신분석학자들, 사회학자들, 정치학자들에 맞설 참으로 좋은 대답과 훌륭한 반박을 찾을 것이다. 레비나스는—궁극적으로 말-자체에 대해 더 이상 아무것도 말하지 않는—예속된, "조건 지어진" 말보다는 최고의 권한을 지닌, 속박하는 전체성에서 벗어나는 말, 대면 속 까다로운 그리고 고통스러운 말, 거의 견딜 수 없는 타자에게 건네진 말의 비상함에 관심을 더 가지려 한다. 그는 말해진 말과 매번 새롭고 독특한 방식으로 듣는 것에 관심을 더 가지려 한다.

대화 속에서 나는 타자를 위한 신호signe가 된다. 나는, 거듭 나의 최고 권력으로부터 면-직되고 거듭 타인을 위해 쉼 없이 타자**에** 응답하는 그리고 타자**에 대해** 책임지는 의무 안에서 부름 받는다.

실제로 결코 타자에 도달하지는 못하지만 절대적으로 타자와 가까이하려는 의지로서, 언어는 욕망의 형태일 것이다. 내가 욕망**할 수 있음**에 따라 존재하지 않는 것, 또는 문자 그대로 **몸을 갖지 않는**('신'이라는 단어는 이념에서 온다) 것, 소유와 앎을 용납하지 않는 것, 낯선 이Etranger, 미지의 사람Iconnu, 내 **가까이서** 내게 모습을 나타내는 자를 나는 명명할 수 있다.

b) 욕망

명확성 : 욕망은 향유로 실현되지 않는다. 왜냐하면 레비나스에게 향유는—**~를-향유하기**—**il y a** 밖의 주체가 유리되는 첫 번째 신호, 인간성의 첫 번째 표시인 욕구의 연쇄이기 때문이다.

"욕구는 동일자의 첫 번째 운동이다." _ 『전체성과 무한』

향유는 따라서 이기주의로서의 사유일 것이다.

"향유 안에서, 나는 절대적으로 나를 위해 있다. 타인을 참조하지 않는 이기주의자—나는 고독 없이 홀로이고 악의 없이 이기적이고 홀로이다. 타자들에 반反해서가 아니라 '나에 관해서'가 아니라—전적으로 타인을 들으려 하지 않는 이기주의자다." _ 『전체성과 무한』

반대로, 욕망Désir은 타인을 향한 운동일 것이다. 하지만 어떤 욕망인가? 왜 (욕망의) D는 대문자인가?

레비나스가 명명하는 욕망은 형이상학적 욕망이고 "비가시적인 것의 욕망"이다. 그리고 첨언하기를 "형이상학적 욕망은… 단순히 욕망을 완성할 수 있는 모든 것 너머를 욕망한다. 욕망은 그것을 채우는 것이 아니라 파고드는 것이다." 기대하던 것이 응답하지 않을 때마다 채울 수 없는 커져만 가는 욕망, 절대적인 욕망, 절대적인 것의 욕망, 그 자신의 이탈démesure 속에서 전력을 다하면서 소진하는 욕망. 이 욕망은 무엇을 원하는가?

"절대적인 타자." 이를테면? 이를테면 매우 정확히 자아가 아닌 것, 내게—머물러 있을—낯선étranger 것, 비가시적인 것, 타자의 무한.

"비가시성은 주어지지 않은 것과의 관계, 이해idée가 없는 것과의 관계를 함축한다."_『전체성과 무한』

어떤 철학자가—더구나 "철학이 진리를 모색하고 나타낸다"고 주장하는—**비가시적인 것**에 관심을 가질 수 있고 비가시적인 것에 **가치**를 부여할 수 있다는 것은 무척 놀라운 일일 것이다. 이는 레비나스 사유의 노력이 **어디에** 위치하는지를 이해하는 데 있지 않을 것이다. 우리-자신의 유폐, 우리의 공유할 수 없는 내면성 사이 그리고 타자들의 세계—사회, 국가—가장자리, 이것은 타자를 향한 탈주이다. 이것은 욕망의 장소이고 형이상학과 윤리 사이의 여백이다. 레비나스의 작업은 바로 거기에 있다. 그러나 주의해야 한다. 이 장소(거기)는 전술前述한 세계도 아니고 가상의 세계도 아니다. 이것은 반대로 내가 면-직되는déposer **대면**face-à-face, 타자가 빛나는, 영속적인 타자성 안에서 강제되는 대면의 극도로 구체적인 장소이다. 그리고 "타자가 본래 지닌 위협적인 힘pouvoir이 타자 앞에서 그리고 '양식良識에 반해서' 살해의 불가능성, 타자에 대한 고려 또는 정의가 되는"_『전체성과 무한』 장소이다.

나와 마주한 타자는 나와 동류가 아니다. 그는 시선 또는 말로 내게 알려질 수 없고 포착될 수 없다. 타자가 낯선 이가 되는 이러한 방식, 레비나스는 이를 얼굴이라고 부른다. 그러나—욕망에서처럼—이 용어는 근본적으로 **다른** 그리고 새로운 방식으로, 레비나스가 우리에게 권한 것처럼 이해되어야 한다. 레비나스가 전통을 부정하지 않고 당당히 전통에서 빠져나오면서, 타자의 미래를 위한 토대들을 도덕적 사유에 제공하는 의미, 욕망, 얼굴, 타자라는 말에 부여하는 새로운 의미를 이해하기 위해서는 매우 주의 깊은 독해와 청취의 노력이 필요하다. "**내 안에서 타자의 이념을 넘어서는,** 타자가 나타나는 방식, 우리는 이것을 얼굴이라고 부른다." **그리고** "얼굴에서의 관계는 곧장 윤리적이다." **요컨대** "얼굴은 무한을 **의미한다.**"_『윤리와 무한』

욕망, 무한 그리고 얼굴을 연관 지을 때, 레비나스는 이렇게 주장한다.

"무한을 생각하면서, 곧장 자아는 생각하는 것 이상으로 생각한다."_『후설, 하이데거와 함께 존재를 발견하면서』*En découvrant l'existence avec Husserl et Heidegger*

자아는 플라톤과 데카르트의 관점 안에 포함된 것이다. 플라톤은 선을 존재 **저편에** 위치시키고 어떤 면에서는 최고로 욕망할 수 있는 것으로 정의한다. 데카르트에게는 "생각하는 나"가 무한하고 완벽한 신의 이념을 가질 수 있다는 것이 신의 실존의 증거이다. 자아로부터 올 수 없는, 유한할 수 없는 이 이념, 따라서 이것은 나를 창조하면서 내 안에 신을 놓는 신이다.

"우리는 신이 나를 창조하면서, 신의 작품에 새겨진 제작자의 흔적으로써 존재하기 위한 이 이념을 내 안에 놓았던 기이함étrange을 발견해서는 안 된다."_ 르네 데카르트, 「세 번째 형이상학적 성찰」*Troisième méditation métaphysique*

레비나스에게, 타자와의 관계는 **절대적인 타자**와의 관계, 자아로 동일자로 환원 불가능한 관계, 즉 무한과의 관계이다. 이 관계는—만약 우리가 여기서 두 개의 낯선 것 사이, 일자와 타자 사이의 관계에 대해 말할 수 있다면—타자를 자아에게로 데려갈 앎 또는 바람vouloir의 양상으로 발생하지 않는다. 타자와의 관계는 욕망으로서 발생한다. 즉, **~를 향해 감**으로써, **~에게 자신을 내맡김**으로써 발생한다. 그러나 이 욕망은 **만족시킬 수 없는** 것이다. 이것이 욕망이 우리에게 강조하는 주안점이다.

"무한은 욕망으로서 발생한다. 욕망할 수 있는 것의 소유를 달래는 욕망으로써가 아닌, 만족시키는 대신에 욕망할 수 있는 것이 불러일으키는 무한의 욕망으로써. 완벽히 이해관계에서 벗어난 욕망—선함."_ 『전체성과 무한』

데리다가 강조했던 욕망의 역설.

"욕망의 운동은 욕망의 포기 같은 것일 수 있다."_ 자크 데리다, 『글쓰기와 차이』

이 욕망은 존재론적 자기중심주의égoïsme의 균열이다. 동시에, 이것은 도덕적 요청이다.

"우리는 무한과의 관계를 포괄할 수 있을 종합이 아니라 **타인에게서 결코 벗어나지 못한다는 사실**에서 말할 수 있다. 이는 타인에 대한 또는 다른 사람의 사랑에 대한 의무 안에서 **절대 충분히 사랑하지 못하는 의식이다.**"_「프랑수아 푸아리에 / 에마뉘엘 레비나스 대담」, 「아트 프레스」*Art press*, n° 101.

c) 얼굴

만약 타인의 얼굴과—최초—만남이 없었다면, 나는 사물들에 대한 나의 존재와 나의 앎-권력pouvoir-savoir의 확실성 속에서 평온하게 살 수 있었을 것이다. 나는 현상성의 지배 안에서 강자일 것이다. 그러나 타인의 얼굴은 이러한 질서를 파기한다. 갑자기, 나는 내 앞에 더 이상 알 수 있거나 소유할 수 없는 대상을 갖게 된다. 자아로부터 그리고 모든 설명으로부터 파악되지 않는 타인의 얼굴의 환원 불가능한, 압도적인 현전과 마주하게 된다. 얼굴의 역설 : 얼굴은 거기에 있다. 그러나 부재로서, 바깥으로서 있다. 그러면서도 내부에 의해 흡수된, 안과 밖 사이의 빈약한 경계로서 있다. 얼굴은 벌거벗었으나 비밀스럽다.

얼굴은 얼굴, 순수한 신호, 서명署名일 뿐이다.

"얼굴은 그 자체로 있고, 어떤 체계에도 준거하지 않는다."_『전체성과 무한』

얼굴은 나의 기억과 사유 안에서 타인을 동일시하는 것이고 타인의 늙어감, 필멸성, 인간성 안에서 그를 뒤따르는 동일성이다. 얼굴은 이름보다 더 잘 불리는 것이다.

절대적으로 유일한 얼굴은 타자**이다**. 얼굴은 솔직한 표현이다. 그러나 우리가 얼굴이라고 말하는 것, 얼굴의 "표현"이라고 말하는 것은 무엇인가? "얼굴은 우리가 죽일 수 없는 것, 또는 적어도 '너는 절대 죽이지 않을 것이다.'Tu ne tueras point"_『윤리와 무한』라고 말하는 데 있는 의미일 것이다.

잘 이해해 보자. 레비나스가 얼굴이라고 부르는 것은 미학으로, 얼굴의 **이미지**로 귀결되지 않는다.

"우리는 얼굴이 '보이지' 않는다고 말할 수 있다. 얼굴은 당신의 사유가 파악할 내용이 될 수 없는 것이다. 얼굴은 포섭될 수 없는 것이다. 얼굴은 당신을 저편으로 이끈다. 이것은 얼굴의 의미작용이 얼굴을 앎의 상관 항으로서의 존재로부터 빠져나가게 한다는 점이다."_『윤리와 무한』

조형적 이미지와 감각의 지각이 되기 전에, 더 본질적 측면에서 얼굴은 의미작용, 말parole이다. 그래서 얼굴의 들음écoute은 얼굴의 보임vision에 앞선다.

타인은 나의 자유를 중단시킨다. 이것이 사르트르와 같지는 않다. 왜냐하면 타인은 나의 자유를 위태롭게 하기 때문이다. 그러나 타인의 얼굴과 마주하여 나-자신에 대한 느슨한 확신 속에 살 수 없기 때문에, 나는 타인이 저지를 수 있을 잘못과 타인이 당할 수 있을 모욕에 대해 책임(죄)이 있다. 이에 대해서 레비나스는『카라마조프가의 형제들』에서 읽을 수 있는 도스토예프스키의 문장을 인용하길 좋아한다.

"우리들 각자는 모두를 위해, 전체를 위해 모두 앞에서 유죄이다. 그리고 나는 다른 사람들보다 더 유죄이다." **최고의 요구**, 따라서 "타인의 얼굴은 자아의 탁월한heureux 자발성, 이 **잘 나가는** 행복한 **능력**을 문제 삼는다."_『어려운 자유』

타인의 얼굴은 나의 실존에 변화를 가져다준다. 더 정확히는 타인의 얼굴은 나의 실존의 의미이다. 타인의 얼굴은 나를 부르고 내가 타자를-위해 존재하도록 강제한다. 그러나 타인을-위해-책임지라는 이 명령은 선택으로써도 도덕적 가르침으로써도 불거지지 않는다. 이것은 자유 이전 그리고 본질 너머 기원origine의 기원, 모든 토대의 토대이다.

"타인을 위한 책임은 주체에게 일어나는 우연한 일이 아니라 주체 안의 존재성에 선행한다. 타인을 위한 책임은 타인을 위해 저당잡혔을 자유를 기다리지 않았다. 나는 아무것도 하지 않았다. 그리고 나는 항상 문제가 되었다. 박해를 받았다."_『존재와 달리 또는 존재성을 넘어』

## 3. 타자를-위함

내가 멈춰서는 순간, 비상함이 시작된다.

모리스 블랑쇼, 『죽음의 선고』

'타인을-위해-책임지기'는 쉼 없이 나를 괴롭히는 요청이다. 나는 박해 받는다. '타인을-위해-책임지기'에서 내 마음은 편하지도 않고 유쾌하지도 않고 심지어 만족스럽지도 않다(나는 결코 타인에게서 벗어나지 못한다. 나는 항상 **빚이** 있다. 나는 절대 **충분히** 선하지 않다). 책임은 어떤 희생 또는 부드러운 어조의 어떤 분노에 의해 얻을 수 있는 양심(복음)과 아무런 상관이 없다.

한편으로 타인이 항상 **이미 거기에** 있기 때문에, 세상에 내가 도래하기 이전부터 타인을-위한-책임은 "시작보다 더 오래"_『다른 사람의 휴머니즘』된 것이다. 책임은 아득한 옛날의 과거로부터 온다. 이것은 자기 상실aliénation이자—그러나 굴복함 없는—동시에 소환assignation이다. 나는 타인의 볼모이고, 나는 회피할 수 없다(타인을-위한-나의 책임을 대표로 한다).

"선택되지 않은-볼모의 조건 : 선택이 있었다면 주체는 **자기만의 태도**를 고수했을 것이고 이전 삶의 결과들을 간직했을 것이다. 주체의 주체성, 마음의 현상조차 **타자를 위함**이고 **독립성을 갖는 것조차 타자를 책임지는 데 있고—타자를 위해 속죄하는 데 있다.**"
_『존재와 달리 또는 존재성을 넘어』

레비나스는 철학의 영역 안에—그리고 윤리에 대한 성찰의 틀 안에—우리가 타인을-위한-책임의 사유가 지닌 힘과 독특성을 더 잘 이해하도록 도와주는, 현저하게 종교적인 기원을 갖는 두 가지 개념을 도입한다. 이것은 선출과 대속이라는 개념이다.

### a) 선출

나는 타인에게 책임을 **지기** 위해 선출되었다. 이 자리에서, 이 임무를 위해, 나는 유일하며 대체되지 않는다.

"유권자가 아닌 선출된 자 또는 요청된 자의 유일성, 자발성으로 전환하지 않는 수동성…. 선출을 받아들이지 않았음에도 선출된 자!"_『존재와 달리 또는 존재성을 넘어』

부름에 앞서는 타인에 대한 기다림. 내게 요구하지 않았고 어느 것도, 어느 누구도 실제로 강제하지 않았음에도 타인에 대해 응답하는 "제가 여기 있습니다!" 만약 이것이 의무 자체가 아니라면, 선함과 책임을 알리고 "수동성보다 더 수동적인 수동성" 안에서 진술되는, 레비나스에 따르면 결정이 아닌 **명령**에서 야기된 첫 번째 말 "제가 여기 있습니다!"는 무한을 나타낸다.

우리는 타인의 접근에서 타인이 알렸던 무한을 보았다. 선함—즉, 살인하기를 **중단하고** 타인을 걱정하기를 **강제하는** 인간의 인간성—은 무한의 증언이다. 내가 타인을 사랑하지 않을 수 없는—나의 의지와 거부의 힘보다 더 센 힘에 의해 강제되고 부름받는—것은 무한, 이미 말한 것을 앞서는 말함, 내 바깥에서 생겨나 내 안에서 명령하는 명령, 그리고 내게 타인을-위한-책임을 지라고 강제하는 명령의 증언과 계시이다.

무한의 현전 : 타인의 얼굴 안에 있는 신의 목소리.

레비나스에게는 선이 우선이다.

"선은 내가 선을 바라기aimer 전에 나를 바란다."

나는 선의 명령을 듣기 전에 선에 복종한다. 선은 선출에 의해 주체성에 의미작용을 준다.

그리고 레비나스는 이 대담에서 종종 이해되지 않게 또는 간접적으로 유대 민족에게 선출의 의미를 명백히 한다.

"이것은 책임의 과잉이다. 이것은 특정 민족에 대한 주장이 아니다."

레비나스는 1981년 6월 「아르케」*Arche*지에 여전히 급진적인 방식으로 이렇게 썼다.

"6백만 유대인의—백만 아이들의—고통과 죽음 속에서 금세기 전체의 속죄받을 수 없는 영벌永罰이 드러났다. 다른 사람의 증오. 계시 또는 종말apocalypse. 세계대전과 강제수용소, 전체주의와 집단 학살, 테러리즘과 인질극, 핵의 위험으로 돌아선 이성, 스탈린주의로 전도된 사회적 진보. 이것은 땅을 흥건히 적신—캄보디아에서의 게르니카—피가 고인, 어떻게 보면 시대의 마지막까지 흥분 속에 있을 아우슈비츠에 있었다. 거듭, 이스라엘은 성경에서처럼 모두를 증언하도록 그리고 이스라엘의 수난 속에서 모두의 죽음이 소멸하도록, 죽음의 끝까지 이르도록 소환되었을 것이다."

선출은 타인을 위해 그리고 타인에 의해 고통을 겪게 하고 자유 이전의 수동성에서, 신이 들게 하는 선의 장소에서, 신이 이념에서 오는 장소인 **타인의 자리에서** 죽기까지 타인을 대신하게 한다.

"자유를 선행하는 순수한 수동성은 책임이다. 하지만 나의 자유에 빚지고 있지 않은 책임, 이것은 타자들의 자유를 위한 나의 책임이다. 내가 방관자로 머물 수 있을 곳에서, 나는 책임이 있다. 즉, 여전히 나는 말을 한다. 아무것도 더 이상 무대가 아니다. 드라마는 더 이상 유희가 아니다. 모든 것이 중요하다."_『다른 사람의 휴머니즘』

### b) 대속[2]

레비나스는 항상 우리에게 새로운 울림, 알려지지 않은 의미, 그리고 종종 대담한 의미와 함께 단어를 듣게 한다. 그리고 이것은 그의 가장 작은 공로 가운데 하나로 치부될 일은 아니다. 프랑스어의 세공사로서 레비나스는 알아보기는 힘들지만 빛나는 옛 단어의 활력을 되찾기 위해, 생기 있고 창조적인 사유의 엄격함과 섬세함에 전적으로 응답하기 위해 옛 단어를 다듬는다.

2 [옮긴이] 'substitution'은 대신함이라는 의미이다. 국내에서는 주로 대속으로 번역되었으며, 이 책에서도 이를 따른다.

따라서 "타인을 대속함"은 더 이상 단순히 "그의 자리에 있기"를 의미하지 않는다. 성인의 성인, 아버지의 아버지가 되기, 살인자를 희생자처럼 책임지기, 그 자신의 박해자에 대해 책임지기까지를—레비나스는 여기까지 간다—의미한다. 대속함은 영웅주의도 자부심도 없이 자신을 희생함을 뜻한다. **타자를 위해** 존재하기, 실제로 존재하기. 존재론과 존재, 죽음의 범주를 넘어서는, 단절하는 가능성 또는 오히려 범주를 앞서는 가능성. 첫 번째 선함, 형제애fraternité 위에 도덕을 세우는 가능성.

"인간적인 것의 지위 자체는 형제애와 인류의 이념을 함축한다." _『전체성과 무한』

"타자를-위한-일자의 **위함**은 이익/존재 사건intéressement과 단절하는 전적인 무상無償의 **위함**이다. 미리 설정된 모든 체계 밖 인간적인 인류애를 위해." _『존재와 달리 또는 존재성을 넘어』

레비나스에게 "타인을 대신하기"는 헛된 말이 아니다. 이것은 우리의 힘 전체를 요구한다. 그리고 발휘된 이 에너지는 심지어 충분치 않다. 왜냐하면 어떤 희생도 타인의 고통을 누그러뜨리지 못하고, 자신의 어떤 기부도 타인의 죽음을 막지 못할 것이기 때문이다. 그러나 이 의탁recours의 헛됨이 타인의 삶을 더 좋게 만들기 위한 노력을 중지시키게 해서는 안 될 것이다. 인간성이 무용할지라도 이 인간성을 시도해야만 한다. 왜냐하면, 인간성만이 의미를 주기 때문이다. 그리고 인간성은 특히 의미를 멀리하는 것, 의미를 부정하는 것에 의미를 준다. 바로 죽음에.

## 4. 죽음

우리는 한번만 죽는다. 영원히 마지막이다!
당신은 이 세 음절[3]이 의미하는 것을 이해하는가. 영원히?
블라디미르 장켈레비치, 『죽음』

익명의 **il y a** 밖에서 주체성을 어렵게 획득한 후 타인과 마주한 주체는 어떻게 보면 확고하게 된다. 타자를-위함은 주체에게 의미를 주었다. 죽음은, 이 허술한 구성을 산산조각 낸다.

초기 저작 중 하나인 『시간과 타자』에서, 레비나스는 우리에게 **타인에 관한** 사유를 통해 죽음에 대한 길고 강렬한 성찰을 제공한다. 즉, 신비, 파악할 수 없는 것으로서의 죽음.

"죽음은 주체가 주인이 아닌 사건, 주체가 주체 아닌 것과 관련한 사건을 나타낸다."_『시간과 타자』

### a) 죽음과 시간

어느 누구도 언젠가는 죽어야만 한다는 사실을 받아들이지 않는다. 설령 그날이 오늘일지라도. 죽음은 "절대적으로 알 수 없는 것"이고, 죽음이 언제 도래할지는 모르

3 [옮긴이] La mort(죽음)는 세 음절[라 모흐]로 이루어졌다.

지만 죽음이 도래할 것이라는 사실을 알기 때문에, 내게 죽음은 어쩔 도리 없이 "진행 중인" 전적인-접근이다.

나의 죽음은 내가 참여할 수 없을 사건이고, (시간을 넘어서는) **절대적인** 미래이다. 어느 날, 나는 **너를 위해** 죽을 것이다. 나의 죽음의 순간을 지배하는 불가능성은 나의 미래를 무너뜨린다.

"죽음, 이것은 계획을 가지는 것의 불가능성(함)이다."_『시간과 타자』

미래의 파괴, 또한 의미의 파괴.

"죽음은 자아가 자신의 존재, 자신의 운명을 갖고자 하는 모든 관심을 무분별하게 만든다."_『다른 사람의 휴머니즘』

여기서 다시, 레비나스는 "최상의 통찰력, 최상의 남성성"으로 인해 **죽음을 향한 존재**를 사유하는 하이데거와 명백히 구별된다. 하이데거에게 죽음은 불가능성의 가능성이다. 반면 오히려 레비나스에게 나의 죽음은 죽음의 상념과는 다르다. **현실성** 없는 두려움, (나의 죽음은) **현실감** 없는 **광적인** 두려움이다. 나는 앎의 힘과 빛에서 벗어난 사유할 수 없는 것, 알 수 없는 것에 부딪친다.

"죽음이 접근할 때 중요한 것, 이것은 어떤 시점에 우리가 더 이상 할 수 있는 것을 할 수 없다는 것이다. 이것은 명백히 주체가 자신의 지배력을 잃는다는 것이다."_『시간과 타자』

그러나 만약 죽음이 "세계와 자기 자신의 지배자"가 되는 자아의 모든 오만을 헛되게 한다면, 죽음은 타인을-

위한-책임을 무효화하지 못한다. 장켈레비치가 죽음을 규정한 것처럼, **나의** 죽음의 비장한 광경에 "존재 위에 매달린 비-존재의 단두대 날"이 있다. 레비나스는 타인을-위한 **나의** 책임을 전-본래적이고 궁극적으로 더 **중대한** 것으로서 포개고 강제한다.

"타자를 위한 전-본래적인 책임은 존재와 맞서지 않고 결정에 앞서지 않는다. 죽음은 책임을 부조리로 돌릴 수 없다." _ 『다른 사람의 휴머니즘』

## b) 죽음, 초월과 타인

죽음에 대한 두려움은 내게 **다른** 현실, 앎의 통상적인 대상들과 힘의 조직들로 환원할 수 없는 현실을 염려하게—두렵게—한다. 죽음이 나타내는 무無 이상으로, 레비나스의 관심을 끄는 것은 죽음의 타자성—죽음의 불가지성—이다. 비교는—대등하지 않은—죽음의 타자성과 타인의 타자성 사이를 개괄한다. 죽음의 신비에 맞서, 탐구적 사유는 실패하고 주체성의 승리는 좌절된다.

하지만 죽음이 내게 알 수 없고 낯선 것이라면, 내가 어떻게 죽음을 염려할 수—죽음에 대한 상념을 가질 수—있는가? 거기에는 모순이 있는 것처럼 보인다. 레비나스는 나 자신의 죽음처럼, 타자의 죽음이 미래와 운명의 순간의 전조일 것이라는 논증을 반박한다. 왜냐하면 타자는 나를 흡수할 것이고, 나는 사라지게 될 것이기 때문이다. 너와 모든 타자를 향한 죽음은 문자 그대로—설령 호흡, 심장 고동, 정지의 시간에 지나지 않을지라도—나 자신에게는 죽음으로 결코 존재하지도 존재했었던 적도 없다. 죽음은 나를 두렵게 한다. 왜냐하면, 죽음은 **내 안의** 근본적인 타자성이기 때문이다. 그러나 죽을까봐 불안해 하면서 참을 수 없게 된 이 두려움을 내색하지 않기 위해 자살하는 자는 착각한다. 그는 단지 **죽을 수밖에 없는 인간**을 부정하고자 하면서 자기 안의 인간을 죽인다.

"자살자에게 죽음은 극적인 채로 남는다. 신은 항상 너무 일찍 우리를 그의 곁으로 부른다. 우리는 여기-아래/현세現世를 원한다."
_『전체성과 무한』

c) 인내

만약 죽음이 공포스럽고 "위로가 되지" 않는다면, 죽음이 "미지의 하늘을 향해 열린 입구portique"(보들레르)가 아니라면, 그러면서도 "절대가 아닌", "결코-아닌-아무것도-아닌plus-jamais-plus-rien"(장켈레비치) 것이라면, 삶을 어떻게 살아가야 하는가? 내 견해로, 레비나스가 제공하는 가장 아름다운 강의 중 하나는—열림으로서 전달된 경험, 새로운 그리고 진리로서가 아닌 길—"그의 결말과 동시적이 되기를 단념하는 것을 의미하는", 타자의 시간인 나의 죽음 **이후** 시간을 향해 살아가기를 허용하는, 계속해서 살아가기를 허용하는 것을 의미하는, 인내에 대한 그의 성찰이다. 활동/업적 안에서—아이, 책—인내를 배우기. 이것은 죽음에도 불구하고 아직 존재할 수 있음이고,

"나 없이 존재할 시간을 위해 존재할 수 있음, 나의 시간 이후 시간을 위해 존재할"_『후설과 하이데거와 더불어 존재를 발견하면서』 수 있음이다. 어려운 입문 수업 그러나 강제되는 수업. 우리가 원한다면—어떻게 그것을 원하지 않겠는가—입문 수업은 미래와 함께 존속한다. 나 자신의 피할 수 없는 죽음에 무관심하게 되기, 그리고 견디기 힘든 타인의 죽음에 관심을 갖기. 오직 인내만이 이러한 전회를 허용한다. 자신에 대한 관심이 아닌, 타인을 위한 의지, 타인을 위한 설정création.

"인내 안에서, 의지는 이기주의의 딱딱한 껍질에 구멍을 낸다. 그리고 아무것도 제한하지 않는 욕망과 선함으로서 요구하기 위해 의지의 중대성의 중심을 바깥으로 이동시킨다."_『전체성과 무한』

## “나는 네 것이다”

타자는 **유혹**도 **문제**도 아니다. 그는 앎의 대상도 기쁨의 대상도 아니다. “타자로서 타자의 가까움”은 타자를 위한 활동, 타자의 일상의 물질적인 삶을 위한 근심인 수동성에서 자기-자신의 물러섬 속 내가 욕망하지 않았던, 내가 겪는 타자를-위한-책임으로 내게 부과된 해결할 수 없는 수수께끼이다.

“나는 네 것이다” 이는 내가 타자를 위해 존재하기를 선택하지 않았기 때문에 내뱉을 수 없는 문장, 즉 내가 “널 사랑해”라는 고백으로 **너**에게 말하고 싶을 문장이다. 하지만 이러한 문장들은 불가능하다. 왜냐하면 드러낸 맹세의 형태로 타인을-위한-책임을 표현하는 것은 이 단어들, “존재, 타자를-위한-책임”의 구체적인 힘을 중성화할 것이기 때문이다. 타인을-위한-책임은—만족할 줄 모르는 욕망, 무한한 요청—심심풀이가 아니라 강압이다.

## 1. 책임 : 근본적 비대칭

우리가 타자들로부터 사랑받을 만하다는 것은 잘못이다.

우리가 사랑받을 만하다고 원하는 것은 부당하다.

파스칼, 『팡세』

법 앞에서, 책임은 보통 나-자신에게 요구된다. 우리는 "**우리의** 말과 **우리의** 행위에 대해 책임이 있다"고 말했다. 모든 인간은 법 앞에 평등하다. 아이와 정신이상자만이 책임을 면하게 될 것이고, 그들에게 책임을 물을 수 없다고 선언될 것이다. 그러나 이러한 법, 이러한 인간들의 정의 그 어떠한 것도 내게 타인을-위한 책임, 타인이 가하는 고통과 타인이 감내하는 고통에 책임이 있다고 명시하지 않는다! 따라서 책임은 **다른 것**과 관련 있다.

### a) 얼굴-대-얼굴Le face-à-face

윤리적 관계의 출발점. 레비나스가 여전히 형이상학의 공간 안에서 내가 타인과 만나는, 타인이 나를 우회와 회피의 불가능성 안에서 마주하게 하는 얼굴-대-얼굴이 위치한 "지점"이라고 하는 첫 번째, 궁극적인, 환원 불가능한 계기. 레비나스가 명명하는 종교는 이렇다.

"거리를 유지하고 모든 전체성을 중단시키는 시선**과** 말 속 타자와의 대면face-à-face, 분리로서의 이 더불어-존재함은 사회나 집단 그리고 공동체를 앞서거나 또는 넘어선다. 레비나스는 이를 **종교**라고 부른다."_ 자크 데리다, 『글쓰기와 차이』

나-너의 특권적인 관계로 곧장 이해된 이 얼굴-대-얼굴은 타자와의 이상적인 관계를 그것의 어려움과 성공에 대한 기대에 무심히, 세계와 세계의 변천에 대해 담담히 믿게 할 수 있을 것이다. 얼굴-대-얼굴의 사유를 이해하는 것은 오해일 것이다. 얼굴-대-얼굴을 세운 언어의 관계 안에서 "대화 상대자는 네가 아니다. 그는 당신이다. 그는 자신의 영지 안에서 드러난다."_『전체성과 무한』 타인과의 최초 관계로서, 얼굴-대-얼굴은 윤리의 길을 연다. 그리고 제3자(다른 타자)가 출현할 때 부서지는 얼굴-대-얼굴, 일 대 일 혹은 유일자 대 유일자 관계는 깨어진다. 제3자는 그들을 정의로 이끈다. 즉, 사람들을 평등화로 이끌고 법 앞에서 그들(타자와 제3자)의 불가피한 **비교**로 이끈다. 우리는 여기로 돌아올 것이다.

### b) 비대칭

레비나스는 타인을-위한-책임 속 상호성의 기다림, **주는** 대신 받는 기다림을 강하게 규탄한다.

"나는 상호적인 것을 기대함 없이 그저 타인에 대해 책임을 져야 한다. 내 목숨을 걸고서라도. 상호적인 것, 이것은 그의 일이다. 타인과 나 사이의 관계가 상호적이지 않은 한에서, 이것은 명백하다. 나는 타인에 사로잡힘sujétion이다. 그리고 나는 본질적으로 이런 의미에서 '주체'이다. 자아는 항상 모든 타자들보다 더 책임을 갖는다."_『윤리와 무한』

내가 나 자신에게 요구할 수 있는 것 혹은 요구해야만 하는 것, 타자를 위해 죽을 정도로 타자를-위해 희생하기. 나는 결코 역으로 타인에게 희생을 요구할 수 없다. 왜냐하면 타인에게 일어나는 것은 항상 내게 일어나는 것보다 더 중요하며, 나의 앎에서 "설립된 질서"를 초월하는 타인은 내 모든 파악을 벗어나기 때문이다. 나는 희생만을 받아들일 수 있다. 타인의 연약함에 대해 희생하기 그리고 타인이 내게 요구하지 않아도 타인을-위해 책임질 수 있음에 대해 감사하기. 왜냐하면 나는 타인을 섬기기 위해 선에 의해 선출되었기 때문이다. 타인에 대한 충성의 서약은 내 뜻에 **반해**, 타인과의 관계 속 근본적인 불균형으로 이끄는 **내 이름으로** 행하는 것이다. 타인을 위한 관용, 나를 위한 엄격함. 정의는 이 불평등을 완화할 것이다. 왜냐하면 우리는 대면face-à-face 바깥에 있고, 법 앞에 동등한 시민이고, 의무만큼이나 권리를 가진 시민이기 때문이다.

### c) 나-너

나-너의 공모, 우정, 사랑의 관계(이중적이고 예속된 관계, 사랑 게임)에서 레비나스는 관계를 항상 타자를-위한-나의 **거리**로 (무한히 더 어렵고 고통스러운, 왜냐하면 "임무의 분담", "가능한 양도"가 없기 때문에) 대체한다. 이 점에서 순수한 타자성, "초월"과의 관계로서—결합 없이—타인과의 관계를 동일하게 생각했다면, 나-너 안에서 상호성을 설립한 마르틴 부버와 레비나스는 대조적이다. 타인과 마주한 '나'는 '너'가 된다. 레비나스에게는 그렇지 않다. 이것은 정의 안에서, 대면 밖에서 내가 "타자들을 위한 타자"가 되는 것이다. 그러나 너와 마주한, 정확히는 당신과 마주한 나는 네게 봉사자로, 책임자로 강제된다. 데리다는 부버의 나-너 사유에 관한 레비나스의 망설임을 가감없이 요약한다.

"레비나스는 나-너 사유를 다음과 같이 비난한다.
1. (타자의) 높음, 특히 분리와 비밀에 그처럼 폭력적으로 대하는 상호적이고 대칭적인 사유에 대해. 2. '인간 대 인간의 관계처럼 인간을 사물들에 결합할'_『전체성과 무한』 수 있는 부버의 형식에 대해. 3. (부버의) 편애. '사적인 관계', '서로 보완하는 또는 세계를 망각하는' 커플의 '은밀함'_『전체성과 무한』을 선호하는 부버를 비난한다. 왜냐하면, 레비나스의 사유 안에 있는 중심성에 반하는 이의에도 불구하고 제3자, 보편적 증인에게는 나-너의 '거만한 정신주의'에 맞서 우리를 보호하는 세계 얼굴face의 요청 또한 있기 때문이다."_ 자크 데리다, 『글쓰기와 차이』

절대 충분하지 않은, 절대 선Bien을 소진하지 않을 나의 이익을 고려하여 어떠한 대가代價, reconnaissance도 타인에게 요청될 수 없다. 반대로, 나의 이익은 "해야 할 모든 것"의 심연을 내 발 아래에서 연다. 비록 강력함과 진정성이 있다 하더라도, 선함Bonté의 어떠한 행위나 말도 나를 "좋게" 만들지는 않는다. 왜냐하면 행위와 말은 여전히 셈/계산calcul, 기준에서 발생하기 때문이다.

"주기Donner, 타자를-위해-존재하기, 자기에-반해서 하지만 자기를 위함을 중단하면서. 이것은 자기 입의 빵을 떼어내는 것, 타자의 배고픔에 나 자신의 굶주림을 제공하는 것이다."

우리가 이 문장에 주목하는 것, 이 문장을 다시 읽는 것.

"타자의 배고픔에 나 자신의 굶주림을 제공한다."

이것은 내게 선함과 나-자신 전체를 요구하는 것이다. 유일한 응답을 위해 보상도 없이 희생의 무상gratuité을 강조하는 배은망덕한 타자의 태도로 말이다.

## 2. 선함

사랑 또한 터득되어야 한다.

니체, 『즐거운 학문』

분명함은 레비나스가 주장하는 모든 꾸밈없는naïve 해석을 일소할 이 장의 시작부터 두드러진다. 레비나스가 문맥에서 강조하는, 그 자신이 극단적인 것과 불가능한 것으로서 인정하는 표현들 속에서, 선함의 무상과 탈존재 사건désintéressement 또는 "타인의 정당화할 수 없는 고통을 위한 나의 정당한 고통"_「평화와 가까움」, 「감시 받는 밤의 수첩」*Cahiers de la nuit surveillée*, n° 3.을 나는 기대한다.

이것은 정의를 공정하고 인간적이게 하는—자기를 위한 요청, 타인을 위한 관용—선함의 요소의 현전이다. 만일 이 요소가 사라지게 되면, 정의는 맹목적이고 위험한 힘일 뿐이다. 하지만 정의가 엄정하고 단호해야 한다는 점을 강조해야만 한다. 정의는 아주 공평하고 공정하게 판단한다. 선함은 오직 정의 **이후에** 다시 개입할 수 있다. 이것은 잘못을 저지른 자를 인간적으로 대하는 것이다. 예를 들어 레비나스는 죄수들의 독방 안에 텔레비전을 제공하는 것이 중요함을 강조한다. 정의를 인간답게 하기, 정의가 결코 **충분히** 정의롭지 않다고 의식하기.

나-너의 비대칭에서, 타인의 얼굴은 순전히 도덕적으로 "너는 결코 살인하지 않을 것이다"라고 진술했다. 실제 나는 타인을 죽일 **수 있다**. 그러나 공포되지 않은 명령loi은—금지—내게 그렇게 하기를 금한다. 동시에 "타인은 우리가 살해하고 싶을 수 있는 유일한 존재이다. 이 살해의 시도와 살해의 불가능성은 얼굴을 봄vision 자체를 구성한다."_『어려운 자유』 타인의 얼굴은 따라서 살해의 충동으로가 아닌 무관심, 냉담, 이기주의로 이해된 폭력을 끊는 것이기도 하다.

레비나스는 칸트와 칸트가 말한 정언명령 "준칙이 보편적 법칙이 되는 동시에 너가 원하고자 하는 바를 행하는 준칙에 따라 오직 행하라." _ 임마누엘 칸트, 『도덕 형이상학의 정초』에 이렇게 응수한다. "마치 우리가 행동하는 유일한 자인 것처럼 행동하는 모든 행위가 폭력적이다." 왜냐하면, 나는 결코 세계에 홀로 있지 않기 때문이다. 타인이 항상 이미 거기에 있다. 내게 선량하기를 강제하면서, 강한 주체인 나의 폭력에, 자유로운 주체인 나의 자만심에 타인의 얼굴의 약함을 대조하면서 거기에 있다. 폭력(악)은 존재 자체보다 더 중대하고 더 오래된 선함에 의해 위태롭게 된다.

개인주의와 오만한 자아주의égotisme가 상처와 두려움을 은폐하는 그리고 헛되이 위기와 자책을 잊어버리는 가장假裝으로 유혹하는, 서양의 최신 가치들로써 강제되는 오늘날 그토록 비난받는 듯 들리는, 아마도 레비나스의 "용어집"에서도 가장 이해하기 어려운 단어일 선함.

레비나스가 "선함"이라는 단어에서 이해하는 것은 정확히 무엇인가? 선함은 선을-행하고자-함에서 그치지 않는다. 이것은 계산된 자선도 아니고 인정 더구나 "구원"을 기다리며 조금 세밀하게 만들어 낸 자선도 아니다. 이 선함의 행위들은 반대로 무상 속에서 그리고 행위의 불충분이라는 의식 속에서 행해져야만 한다. 나는 절대 충분히 선하지 않다. 왜냐하면 타인이 계속해서 고통을 겪기 때문이다.

하지만 이 선함, 이 무상도 솔직하지는 않다. 왜냐하면 이때의 선함과 무상은 효력이 없을 것이기 때문이다. "진심으로 선을 욕망해야 한다. 동시에 마음의 자연스러운 충동 속에서 단순히 선을 욕망해서는 안 된다"고 레비나스는 단언한다.

선함은 관념 또는 소액 기부금의 형태를 띠지 않는다. 선함은 너그러운, 충만한 사회적 관계의 탁월함에서 매일 언제나 체험된 타자에 대한 걱정, 이와 같은 삶의 태도로 표출된다. 타자는 조력자faire-valoir로서—나의 온정의 살아 있는 증거로서—여겨지지는 않지만, 내 안에 있는 모든 확실성positivité의 목적 그 자체로, 내가 인정하는 자로, 나를 잊히게 하는 자로 여겨진다.

"안녕하세요", "당신 먼저", "제가 봐 드릴게요Je suis à vous" 같은 말은 모두 겉으로 놀란 빛을 띠지 않고서 하루에도 백 번 정도 사용하는 가벼운 관례적 표현이다. 그리고 타자를 걱정하는, 모든 사회생활에—모든 인간 존재에—잠재된 윤리적 관심을 표현하는 관례적 표현이다. 왜냐하면 이것이 인간의 인간성이기 때문이다. 이 걱정/관심, 레비나스의 철학은 참신한 방법으로 인간성을 밝히기까지 인간의 인간성을 강조했고 검토했다.

## 3. 사랑, 고독

나는 우리가 어떤 이방인을 위해
갑자기 접근하는 모르는 사람을 위해
가질 수 있는 사랑을 처음 느꼈다.
윌리엄 고이엔, 『귀중한 문』

밀란 쿤데라는 "사랑의 절대적인 것은 실제로 절대적인 동일성의 욕망이다"라고 썼다. '절대적인 동일성을 욕망하기'는 다음을 의미할 수 있다. 타자와 동일하고자, 타자와 결합되고자 하기 혹은 타자에 의해서 충만함과 의미, 성姓—이름—얼굴이 타자의 사랑 안에서 발견되는 개체성이 되고자 하기, 별도로 온전한 존재가 되고자 하기. 사랑을 사유하는 이 두 가지 형태를 거부하면서, 두 가지 형태와 관련하여 자리하면서, 레비나스는 우리에게 어떤 힘(어떤 앎)도 행사되지 않는, 타자가 그의 타자성, 비가시성, "생소함étrangèreté" 속에서 (**~위함**이 아닌, 낭만주의적으로) 사랑받는, 타자를-위한 실제 사랑을 제안한다.

나는 차후 나를 매료시킨 그리고 나를 괴롭힌 사랑의 두 운동—열정에 대해 말해야만 할까?—을 기술할 것이다. 매혹 그리고 먼éloigné 근심. 비록 이것들에 의해 암시됨에도 불구하고 레비나스가 단순한 사랑의 열정보다 실질적으로 더 고귀한grand, 아마도 더 **인간적인** 이방인, 신비—기적—를 향한 사랑에 훨씬 더 동요하게 되는 질문들이 있다.

첫 번째 운동, 결합의 욕망은 곧장 제거된다. 왜냐하면 전혀 다른 관계에서보다 사랑(에로스)에서 타자가 나를, 나의 호의, 나의 시선, 나의 말을 회피하기 때문이다. 사랑은 이렇게 규정될 수 있을 것이다. 개인들des corps의 불가능한 결합, 타인의 영속적인 타자성의 불가능한 결합 안에서의 계시. 가까움의 가장 심층부에 타인의 부재, 타인이 향유의 눈부심fulgurance 자체 안에서 항상 나타내는 외딴 곳l'ailleurs.

"에로스는 타자성, 신비 … 모든 것이 여기에 있는 세계 안에는 절대로 있지 않은 것과의 관계이다."_『시간과 타자』

사랑의 동사들은 부정적인 것에 정통해야만 한다. 소유하지 않기, (마음에) 파고들지 않기, 꾸미지 않기, 누구도 장악하지 않기. 결합을 원하는 사랑은—모든 플라톤주의의 환상, 하나-됨의 환상—고통으로 바뀐다. 타자와 합류하기를 원하면서 그의 고독의 닫힌 장소 안으로 들어가기. 나는 몸과 몸, 외로움 대 외로움으로 타자와 충돌한다.

"쾌락의 애절함은 둘이 된다는 사실 속에 있다. 타자로서 타자는 여기서 우리의 것이 되는 또는 우리가 되는 대상이 아니다. 타자는 반대로 그의 신비 안에 은둔한다."_『시간과 타자』

권태lassitude, 결핍으로서 체험된 고독에서 나온 두 번째 운동은 완성의 요구이다. 그러나 사랑은 내게서 마치지 않고 어떤 노출nudité도 드러내지 않는 비밀의 문턱으로 나를 이끈다. 타인이 칩거하고 용인하지 않는 주어진 신체 저편 타인의 신비.

"사랑은 단순히 더 우회적인 혹은 더 직접적인 방식으로 너를 향해 이끌리지 않는다. 사랑은 우리가 너를 만나는 방향과는 다른 방향을 향한다."_ 『전체성과 무한』

나는 사랑 안에서 사랑을 찾아서는 안 된다. 또는 사랑 안에서 나를 사랑해서는 안 된다. 하지만 나는 타자를 사랑해야 하고 타자의 것이어야 한다. 주의와 존중이 열정과 양립할 수 있는가? 여기서—이것들을 전치轉致하기 위해—레비나스가 사랑하는 사람을 광기의 가장자리(근원) 존재, 과오를 범할faillir 존재로 만드는 "슬픈 분노", "고통스러운 호기심"을 망각하지는 않는가? 왜냐하면 사랑하는 자는 여전히 자기 위주로 원하기 때문이다. 사랑, 타자의 사랑. 이것은 아마도 타자가 기다림에 응답함 없이, 영입됨 없이 그리고 은밀한 방식으로—죽음의 실제 작업—**내부**에 흡수됨 없이, 아무것도—네가 내 안에 뚫는 장소, 네게 속하는 이 공백—타자가 할 수 있는 것을 그치게 하지 않는 뜨거운 기다림 속에서 명백하다. 왜냐하면, 욕망은 향유 안에서 실현되지 않기 때문이다. 반대로 무한한 거리를 느끼게 하는-즐김, 타인이 항상 도피할 수 있는 부재가 있다. 갑자기, 이 "외딴 곳"과 나의 고독으로, 나의 갇힌 신체로, 불행하고 무능한 신체로 나를 보내는 이 시선이 있다.

나의 고독을 채우는 것과 반대로 사랑은 고독을 고조시킨다. 나는 전적으로 너를 향해 가기 위해 나의 신체에서 빠져나온다. 너를 만나기 위해 나를 잊는다. 공연히! 열정 안에서—외부인이자 이방인인—타자는 사랑하는 자를 **내부로부터** 사로잡는다. 그리고 사랑받는 신체의(프루스트) 어떤 인식도, 어떤 어루만짐도 타자가 존재하는(그의 홀로-존재) 것과 더불어 나의 이미지(나의 상상적인 것)를 합치하게 하지 않는다. 사랑이 존속될 수 있기 위해서 요청되는 희생을 받아들여야만 한다. 그리고 소유하고 이해할 수 없게 만들어야만 한다.

"우리가 사랑 안에서 소통의 실패로써 묘사하는 것은 정확히 관계의 실증성을 구성한다. 타자의 부재는 명백히 타자로서 그의 현전이다."_『시간과 타자』

레비나스는 사랑-열정을 믿지 않는다. 그는 편애와 절대적인 것을—거짓된 순진함의 어떤 측면에서—자아가 나-너 관계의 희생자가 되는, "세계의 불행"과 멀리하기를 바라는 관계가 되는, 무사태평의 어떤 원형boucle 안에 은거하는 관계가 되는, 연인들이 "항상 삶을 즐길" 수 있다고 믿는 내적 영역이 되는, 도달할 수 없고 영광스러운, 승격하는 너로 만든다. 다소 진부한 이 "우리-둘"에서, 레비나스는 타자를 우선 "타자들을 위한 타자"이고 **가까이 지내는 사람**으로가 아닌 **이방인**으로서 사랑받는 "우리-모두"로 선택한다. 그래서 선함은 두려움이나 거만함 없이

—무상으로—타인을 얼굴-없이 보는dé-visager, 타인을 판단하는, 정의의 동의와 함께 그리고 타인을 변호하거나 고소하는, 항상 좋아하고 존중할 인간의 단독적인 자리로 타인을 데려가는, 정의의 동의와 함께 행사된다.

사랑은 자기를 벗어난 탈주도 아니고, 타인의 포착도 아니다. 이것은 맞아들임, 증여이다. "여기로 오세요"는 사랑의 최상의 표현일 것이고 사랑의 열정의 분명한 고백일 것이다. "주체는 주인이다."_『전체성과 무한』

## 4. 정의

다시 너는 그가 된다.

파울 첼란, 『시』

정의는 타인의 행위를 자아(재판관으로 자처할 자아는 곧 형리刑吏가 될 것이고, 존경받지 못하는 두려운 수장이 될 것이다)에 의해서가 아니라 "모든 사람들"에 의해 객관적으로(무분별하지 않게) 평가받기 위해 필요하다. 정의는 이 "모든 사람들"을 대리한다. 정의는 연달아서가 아니라 동시적으로 상호-인간적인 관계를 세운다. 정의에 의해 너는 그가 된다. 즉, 타자들을 위한 타자, 앎, 조사, 비교의 대상, 빤히-보여진dé-visagé 얼굴이 된다.

"타인은 곧장 모든 타자들의 형제가 된다. 나를 사로잡는 이웃은 이미 얼굴이고, 비교할 수 있고 동시에 비교할 수 없는 얼굴이다. 유일한 얼굴 그리고 얼굴들과 관련된 얼굴, 명백히 정의의 관심 안에서 가시적인 얼굴이다."_『존재와 달리 또는 존재성을 넘어』

정의는 특권과 특혜를 세우기 시작했던 나-너 관계를 끊는다. 정의는 "얼굴-대-얼굴의 내면성 안에서 제3자의 등장-상시적인 등장"_『전체성과 무한』이다. 정의는 내게 아무것도 아닌 타인에게 관심을 두라고 강제하고, **나의** 타자의 타자인 제3자에게 관심을 두라고 타인에게 강제한다.

"제3자는 타인의 눈 안에서 나를 본다."_『전체성과 무한』

정의. 인간들의 평등과 형제애. 그러나 얼마만큼의 불평등, 지나친 행동이 정의의 이름으로 저질러졌던가? 집단이 자신의 것으로 삼았던, 그 나름의 구상에 따라 개조했던 법의 이름으로 인간이 몇이나 죽었는가? 취약한 정치. 유일한 보호. 정의가 사라진 곳에서 정의를 되살리고, 정의가 있지 않은 곳에서 정의를 창설하기 위한 일에 우리가 싸울 만한 가치가 있을 것이다. 이것이 아마도 철학의 첫 번째이자 궁극적인 작업이다. 철학의 이러한 중요성을 주장하기. 그리고 이 "어두운 시대"(한나 아렌트)에 있을 필요. 끝으로, 우리에게 충분히 오랫동안 들려올, 레비나스의 목소리.

"정의는 가까운 자와 그렇지 않은 자 사이의 구별이 없는, 가장 가까운 자 옆으로 옮겨 갈 수 없는 채로 있는, 모두의 평등이 나의 불평등에 의해, 나의 권리보다 의무의 과잉에 의해 지탱되는 사회 안에서만 정의로 남는다. 자기의 망각은 정의를 작동하게 한다. … 타자들을 위한 책임 또는 소통은 철학과 지식science의 모든 담화를 담지하는 모험이다. 거기서 이 책임은 이성의 합리성 자체, 또는 이성의 보편성, 평화의 합리성일 것이다. … 제3자에 대한 타인의 비-상한 연루는 통제, 정의의 추구, 사회와 국가, 비교와 소유, 사유와 학문 그리고 상업과 철학에 호소하고 무시원anarchie을 넘어선, 원리의 추구에 따른다. 철학은 가까움의 타자를-위한-존재를 무한에 기울이는 척도이다. 사랑의 지혜로써."_『존재와 달리 또는 존재성을 넘어』

도덕 철학과 철학의 도덕. 우리가 내리는 결론이다.

# 철학의 도덕

레비나스는 플라톤에서 헤겔까지, 사유의 앎-권력le savoir-pouvoir 안에서 타자를 동일자에게로 데려가는 철학적 전통과 관계를 끊는다. 이 철학들은 타자를 사유하면서 타자의 타자성을 중성화하길 원한다. 전체성의 사유, 포괄적인 사유일까? 레비나스는 "타자를 사유하기"에 유익한 것으로 무능impuissance, 존재론적인 것(존재의 승리) 이전에 윤리적 순간(타인의 만남)을 설정하는 무능을 표명한다. 마찬가지로 그는 타자를 존재에 연결한 하이데거의 사유에서도 벗어난다.

타자는 **다르다**. 이것이 레비나스의 처음이자 마지막 경이일 것이다. 이러한 표명을 중심으로 "사랑을 위한 사랑의 지혜"를 바라는 그의 철학이 세워진다. 이 명제-규정은 요청을 나타낸다. 만약 철학이 인간의 인간성—휴머니즘—을 이해한다면, 철학은 수치심이나 과장 없이 이 신비—타자—, 기적—사랑—"을 위해서" 놓여야만 한다. 그리고 타자를 위한 동일자의 **이타성**과 동일자를 위한 타자의 감사해 하지 않음ingratitude 외에 더 이상 원해서는 안 된다. 왜냐하면 "감사는 명백히 그것의 기원으로 회귀하는 운동일 것"_『다른 사람의 휴머니즘』이기 때문이다.

이 마지막 단락에서 레비나스의 철학으로부터 도덕적 교훈 또는 삶의 규칙을 끌어내고 싶은 유혹을 뿌리치기는 어려울 것 같다. 그렇지만 뛰어난 말, 설교, 용이한 단정端正보다 레비나스에게 더 낯선 건 없다. 환희와 고뇌 속에서 사람들을 평화로 이끌어 갈 수 있을 어떤 새로운 길을 찾으면서, 레비나스는 "위대한 철학자"로 공식화되는 모습을 띤다. 여기서 우리는 아마 극단적 아름다움을 충분히 말해 주지 않았던 감정의 고조vague로써 꾸준하게 항상 강력하게 사랑—감정의 운동으로서가 아니라 무상의 그리고 제1의 선함으로서 이해된—안에서 **절대적 타자**가 드러나는 타자의 사로잡힘obsession을 되찾는 레비나스의 나선형 글쓰기가 나타내는 질문의 끊임없음을 구속하고 부합되게 해서는 안 된다.

철학의 도덕은 타자에게 "긍정하는 대답Oui"을 진술한다. 타자의 부재를 긍정한다. 타자의 냉담함을 긍정한다. 사유의 빈곤을 긍정한다. 포기를 긍정한다. 타인을 위한 나의 고통을 긍정하고, 나의 죽음을 긍정한다. 타인의 선을 긍정한다. 희생과 증여를 긍정한다. 사랑과 사랑의 도덕을 긍정한다.

"창조의 경이는 단지 **무로부터**ex nihilo 창조라는 것에만 있지 않다. 창조의 경이는 계시를 받아들일 수 있는 존재, 창조된 것을 알 수 있는 존재에 이르는 데 있고, 문제시되는 데 있다. 창조의 기적은 도덕적 존재를 창조하는 것이다." _ 『전체성과 무한』

# 레비나스와의 대담

프랑수아 푸아리에

[옮긴이] 여기 수록된 프랑수아 푸아리에와 에마뉘엘 레비나스와의 대담은 1986년 3월 「아트 프레스」지에 처음 축약된 형태로 발표되었다. 이후 프랑수아 푸아리에가 이를 『당신은 누구십니까?』*Qui êtes vous?* (Lyon, La Manufacture, 1987)라는 제목으로 출간했고, 1996년 Actes Sud에서 재출간되었다. 본 역서는 1996년 재출간된 판본을 저본으로 삼았다.

**프랑수아 푸아리에(이하 푸아리에)** : 당신은 1906년 리투아니아에서 태어났습니다. 유년 시절을 어떻게 보내셨나요?

**에마뉘엘 레비나스(이하 레비나스)** : 전쟁 개시 이전까지를 말한다면 유년 시절은 매우 짧습니다.[1] 남은 기억이 몇 가지 되지 않아요. 많은 것들이 뒤죽박죽인 채로 기억 속에 나타납니다. 로마노프Romanov 왕조 300주년 축제(1913년)는 갑자기 매우 큰 소란과 함께 이 지방 도시를 혼란에 빠뜨렸었습니다. 또한 그 이전에 톨스토이의 죽음에 대한 뉴스가 있었던 것도 기억합니다. 이어서 리투아니아 국경 지역 밖으로 가족이 탈출했던 일, 전쟁의 시작, 분쟁이 끝나기를 기다리면서 러시아의 여러 지방을 가로질러 이주했던 기억이 있습니다. 이미지들은 환경의 변화 속에서 뿌옇게 되고 기억들은 되새겨지기보다 알려질 위험이 있습니다. 1916년 우크라이나 하리코프(하르키우)에 피난민들이 정착했습니다. 제1차 세계대전은 결코 끝날 것 같지 않았고 혁명과 혁명 후의 불안, 내전, 이 모든 것이 1914년의 전쟁과 합쳐집니다.

**푸아리에** : 당신의 가족은 어떤 계층에 속했습니까?

1 [옮긴이] 1914년 1차 세계대전이 발발했다. 레비나스가 1906년생인 점, 전쟁 개시 전까지의 기간을 고려해 보면, 그의 유년 시절은 짧으면 짧았지 결코 길다고 할 수 없다.

**레비나스** : 아버지는 코브노(현 리투아니아 카우나스)에서 서점을 운영했습니다. 코브노는 러시아의 정부 중심지와 같은 역할을 하는 현청 소재지였습니다. 체육관과 고등학교가 있었습니다. 아버지는 현청 사무국과 고등학교에서 오는 손님을 단골로 삼고 있었죠. 서점은 문방구를 겸하고 있었지만 서점 일이 주요했습니다. 학기 초는 아마 흥분과 주문의 시기였던 것으로 제 기억 속에 남아 있습니다.

**푸아리에** : 사람들은 무엇을 읽었나요?

**레비나스** : 아무것도 기억나는 게 없네요. 그러나 전체적으로 조금 떠올려 보면 이 지방 도시는 그래도 현청 소재지였습니다. 독일은—우리가 정중히 말했던 것처럼, 그곳은 유럽입니다—너무나도 가까웠습니다. 중심대로는 니콜라스로le **prospekt** de Nicolas라고 불렸습니다. 이 대로는 우리가 나중에 알게 되는 독립된 리투아니아에서는 러시아의 지배가 끝난 후에 찾아온 자유를 기념하는 자유로가 되었습니다.

**푸아리에** : 우리는 당신 가족의 분위기가 어떠했는지 상상하기 어렵습니다.

**레비나스** : 도시 구조를 약간 반영해 볼게요. 구시가지와 신시가지가 있었습니다. 구시가지에는 대부분 유대인들이 살

았습니다. 그렇다고 게토는 아니었습니다. 리투아니아에는 게토가 없었습니다. 유대인들은 옛날부터 코브노에 살던 시민들이었습니다. 그들은 여기에 집이 있었고, 줄곧 이웃으로 남아 있었습니다. 많은 유대교 회당, 많은 교육 장소가 있었습니다. 신시가지는 정말이지 더 새로웠습니다. 우리가 리투아니아라는 단어를 발음할 때, 아마도 리투아니아가 유대교의 최상의 정신적 확대를 겪은 동유럽 지역 가운데 한 곳을 나타낸다는 사실을 알지는 못할 것 같네요. 이곳은 탈무드 연구 수준이 매우 높았고, 일생토록 이 연구에 기초한 그리고 연구로서 체험된 삶이 있었습니다.
이러한 삶은 신비주의적 유대교도, 경계하는 지성도 결코 아니었습니다. 이것은 탈무드를 중심으로 그리고 탈무드 안에서 펼쳐지는 주석들의 주석들을 통한 랍비의 사유의 변증법에 따랐습니다. 이곳은 유명한 18세기 마지막 위대한 천재적 탈무드 연구자 가온 드 빌나의 나라입니다. 제가 젊었을 때 이미 필요 불가결해진 보편 문화와 현대 문명을 향한 더 열린 지성적 형태들은 과거의 명성을 지울 수 없었습니다. 저의 부모님 세대는 이 문화를 받아들이면서도 젊은이들에게 히브리어를 계속해서 전수하며, 러시아의 언어와 문화 속에서 젊은이들의 미래를 보았습니다. 불확실할지라도 이것이 바로 미래였습니다. 아버지 시대에, 아버지와 같은 세대의 모든 가족들은 아이들과 함께 러시아어를 말했고, 제 눈에 러시아 문화의 중요성은 매우 크게 남아 있습니다. 이것은 오래전으로 거슬러 올라갑니다. 푸시킨, 고골, 도스토예프스키, 톨스토이와 같은 러시아 작가들은, 나의 서구적 삶의 모든 어지러움에도 불구하고, 그들이 지닌 모든 영예를 내 정신 안에 붙잡아 둡니다.

하나의 일화를 들자면, 몇 년 전 동유럽 출신인 한 이스라엘 사람이 저를 찾아온 적이 있었는데요. 그는 제 집에 들어오면서 책장에 있는 푸시킨 전집을 보았습니다. 그는 "유대인의 집에 와 있음을 바로 알아차렸습니다!"라고 말했습니다. 이러한 상황 증거는 실제로 매우 확실했고 객관적으로도 납득할 만한 것이었죠.

**푸아리에** : 러시아와 유대 공동체 사이의 관계는 비극적 사건 없이 평온했습니까?

**레비나스** : 당신도 아시다시피, 유대인들은 자신들이 2류 시민인 체제하에서도, 러시아에서 자신이 제국 변방 지역에 국한해 체류할 수밖에 없는 체제하에서도 만족해 했습니다. 모스크바에 살려면, 그때 당시에는 특별한 직위를 가졌든지 대학을 나왔든지 "최고 길드guilde의" 상인에 속하든지 등의 조건이 필요했습니다. 발전과 해방의 가능성에서 초래되는 현저한 한계가 있었죠. 그러나 적어도 이 시대, 때로는 백군들이 때로는 적군들이 때로는 다시 백군들이 때로는 우크라이나 민족주의자들이 왔던 우크라이나에서 제 가족

이 1920년까지 살았던 이 시대는 전쟁 이후의 모든 혼돈과 비교되는 시기였습니다. 러시아 제정 치하에서 보냈던 저의 유년기는 적어도 행복하고 아름다운 기억으로 아직도 그렇게 남아 있습니다.

**푸아리에** : 우리는 매우 평온한 삶이었다는 느낌을 받습니다. 이것이 유대 공동체에서는 그다지 간단한 일은 아니었을텐데요?

**레비나스** : 그래도 평화의 요소가 유지될 수 있었습니다. 그리고 유년기는 충격으로부터 벗어날 수 있었습니다. 당신은 분명 동유럽 유대인들의 삶과 사회적 조건에 대한 자료를 가지고 있습니다. 그렇지만 자료는 1914년 8월 말 시작했던, 마치 질서가 영원히 어긋난 것처럼 결코 끝나지 않았던 혼란과는 다릅니다.

**푸아리에** : 유대인 박해가 있었다는 것을 알았나요?

**레비나스** : 네. 저는 그것을 알았습니다. 그러나 그 일은 광대한 러시아의 "다른 곳에서" 일어났습니다. 리투아니아는 피해를 면했습니다. 리투아니아 자체에서 일어난 유대인 학살의 기억은 없습니다. 리투아니아 사람들은 매우 평화로웠습니다. 1941년 국가사회주의에 점령된 이후 행해졌던

반유대주의의 공포에도 불구하고 리투아니아 지식인들은 종종 용기 있는 모습을 보여주었습니다.
폴란드의 유대인들은 덜 평온한 기억들을 가졌지요. 그러나 1919년 이후 독립한 3개국인 에스토니아, 라트비아, 리투아니아에서, 발트해 연안의 이 모든 국가에서 유대인들은 어떤 평화, 질서, 일정함을 누릴 수 있었습니다. 이것은 저의 결백에도 불구하고 의심되는 "부르주아" 어린애의 증언이 아니라면, 아마도 제가 하는 얘기가 증명해 줄 것입니다. 저는 단어("부르주아")가 얼마나 자주 또 쉽게 끔찍한지 압니다.

**푸아리에** : 당신의 가족 이야기로 돌아가서, 당신의 부모님은 매우 종교적이었습니까?

**레비나스** : 우리가 리투아니아에서 유대인이었을 때, 유대인 가정에서 유대인 생활의 리듬은 공적 삶의 리듬보다도 우위에 있었습니다. 그렇다고 해서 우리가 이를 위해 필연적으로 특별한 결심을 해야 하는 건 아니었어요. 본질적 표명의 종교가 집단적 형태로서 존재했었던 세계. 모든 게토가 부재했음에도, 종파 간의 통일된 사회적 삶은 본래 없었습니다. 시온주의의 경향 역시 전적으로 자연스러웠음을 언급하는 걸 잊을 뻔했네요. 유대 국가, 이것은 여전히 간절한 꿈이었고 그저 한밤의 꿈은 아니었습니다. 이러한 정신

상태에서, 우리는 특히 당시에는 종교를 부인할 수 없었습니다. 우리는 종교의 극단적인 형태에 대해서는 거의 생각하지 않았습니다. 옛 도시의 조부모 댁에서 종교는 변함없는 형식으로 일상의 삶을 고양시키곤 했습니다.
저는 종종 우리에게 표면적인 형태로만 나타났던 그리스도교가 동일한 방식으로 체험되어야만 했다고 생각합니다. 교회는 공공의 일상적 삶 속에서 중심적인 자리를 차지했습니다. 그러나 이는 또한 우리 눈에 권유나 유혹, 예배에 대한 열의라고는 없는 일상적 일이었을 뿐입니다.
정신적인 것의 주요 부분, 이것은 매우 "리투아니적 유대주의"로 남아 있는데요. 제게 이것은 신비주의적 양상에 있지 않고 책에 대한 커다란 호기심에 있었습니다. 저는 자주, 여전히 지금도 내재성보다 더 내재적인 것이 책이고, 이것은 전혀 역설이 아니라고 말합니다. 그러나 이는 내재성 안內 정도程度의 지각과 별 뜻 없는, 소양 없는 기만에 대한 불신을 전제합니다.

**푸아리에** : 성서 읽기는 중요한 일이었습니까?

**레비나스** : 저는 독해 수업 없이 러시아어 읽기를 배웠습니다. 저는 혼자서 아침마다 배달되었던 **kakao**, 두 개의 k가 조작을 용이하게 하는 카카오cacao 라벨 종이를 가지고서 러시아어 읽기를 배웠습니다.

여섯 살부터, 저는 정기적으로 히브리어 수업을 받았습니다. 그때 현대어로 된 "고전 선집"을 가지고 히브리어를 배웠습니다. 히브리어가 이미 종교 텍스트의 "영향력"에서 해방되었다고 생각합니다. 현대 히브리어는 성서적 히브리어와 다름없지만, 그림책에서 소개되는 히브리어였습니다. 그럼에도 성서 텍스트는 곧장 발간되었습니다. 코브노에서 우크라이나 하리코프로 이주하는 동안, 제가 알았던 히브리어의 모든 단계가 특별했습니다. 제 아버지의 뜻에 따라 즉각 지원한 히브리어 선생님이 있었죠. 어떻게 말할까요? 안락함의 첫 번째 요소가 있습니다. 저는 열한 살에 개인 교습을 통해 하리코프에 있는 고등학교에 들어갔습니다. 이때도 그곳은 여전히 제정 러시아 체제하에 있었습니다. 저는 이 고등학교에 전 학급을 통틀어 다른 유대인 4명과 함께 입학했습니다. 누메루스 클라우수스!Numerus clausus[2] 집에서는 고등학교 입학을 가족의 진정한 축제이자 진급으로 여겨 기념했습니다. 마치 박사 학위를 받은 것처럼 말이죠! 하지만, 저는 코브노에서부터 이미 배워 온 성서를 알고 있었습니다. 해석할 줄 알았던 히브리어 텍스트, 나중에 제게 본질적인 것으로 여겨지는 뛰어난 주석 없이 배운 텍스트를요. 훌륭한 랍비들의 주석에 대해서는 말하지 않겠습니다. 거기에는 여전히 현대성에 대한 경의가 있습니다!

2 [옮긴이] 1. (특정 인종에 대한) 입학 정원 제한, 2. 유대인 학생 수의 차별적 제한.

**푸아리에** : 러시아 혁명을 어떻게 체험했습니까?

**레비나스** : 어쨌든, 러시아 황제가 물러난 1917년 2월에 저는 매우 어렸습니다. 이것은 고등학교 진학과 함께한 해에 오랫동안 중요한 사건으로 남았습니다. 저는 제정 러시아 체제와 2월 혁명의 체제 아래 이 학교에서 한 해를 보냈습니다. 10월 혁명에 대해서는 전혀 아는 것이 없었습니다. 저는 첫 번째 볼셰비즘, 남부의 백군 창설, 내전을 정확히 배치할 줄을 모릅니다. 이 사건들은 부모님에게 매우 커다란 혼란을 겪게 했습니다. 부모님은 유대인이었고 부르주아였습니다. 러시아 혁명이 이룬 것은 부모님을 불안하게 만들었습니다. 가족에게는 사태에 대한 오래된 사고방식이 있었습니다. 우선, 인생에서 중요한 것은 학업라는 것이죠! 그러나 제 주변 젊은이들 사이에서 커다란 운동이 있었습니다. 저도 레닌주의 혁명이라는 유혹에, 도래할 새로운 세계에 무관심한 채 있지는 않았습니다. 하지만, 전투적으로 참여한 건 아닙니다.
부모님은 자식들을 비교적 엄격하거나 폭력적이지 않게 다루었고 정치 참여로부터 자식들을 보호하길 원했습니다. 1920년 7월 가족은 리투아니아로 돌아가기 위해 러시아를 떠나려고 마련했던 첫 번째 기회를 이용했습니다. 1920년에서 1923년까지, 저는 다시 리투아니아에서 생활하게 되었습니다. 리투아니아 국가는 모든 규범에 따라 설립되었

고 모든 부르주아를 보장하면서 설립되었습니다. 정상으로 돌아왔다는 것이 제게는 중요한 무엇이 빠져 있다는 인상을 주었고, 저 없이도 역사가 러시아에서 계속되고 있다는 인상을 주었습니다. 이것은 매우 오랫동안 제게 남아 있던 인상입니다. 저는 참된 서구에 빠져 있었고, 아마도 유럽과 관련하여 러시아를 설정하기 위해 서양철학에 빠져 있었던 것 같습니다. 기억들을 한층 더 명확하게 말할 수 없습니다. 떠나온 나라에는 아직 스탈린주의도 없었고요. 그 일은 가족에게 아직 그다지 이해할 수 없는 것이었습니다. 저의 정신에는 신비하고 특권적인 어떤 것이 간직되어 있었습니다. 이것은 반쯤 열렸다가 닫힌 메시아의 시대와 같았습니다. 제게는 놀랄 만큼 확고해 보이는 시온주의의 확실성에도 불구하고 고등학교의 마지막까지, 프랑스에 도착할 때까지 저는 불확실한 상태에 처해 있었습니다.

**푸아리에** : 1923년 당신은 프랑스로 떠났습니다. 왜 프랑스였나요?

**레비나스** : 왜냐하면, 유럽이었기 때문입니다! 프랑스어의 매력 때문에 프랑스를 선택했습니다. 리투아니아에서 가장 가까운 프랑스의 도시, 스트라스부르를 선택했습니다. 저는 스트라스부르로 갔습니다. 이 도시가 본국(프랑스)에 의해 되찾아진 곳이어서가 아니라 가장 가까운 도시였기 때

문이었죠. 이 시기에 독일에 대해서는 이미 불쾌한 어떤 점이 있었습니다. 아마도 인플레이션이 야기한 무질서와 무질서로 예측할 수 있는 위협들이나 예감들이 주는 혼란 때문이었을 것입니다.

**푸아리에** : 스트라스부르에 도착했을 때, 당신은 철학 공부를 시작했습니다.

**레비나스** : 저는 우선 라틴어를 1년 공부했습니다. 그러고 나서 철학 공부를 시작했습니다.

**푸아리에** : 당신을 철학으로 이끌었던 것은 무엇입니까?

**레비나스** : 저는 우선 러시아 책들이라고 생각합니다. 정확히 말해 푸쉬킨, 레르몬토프, 도스토예프스키, 특히 도스토예프스키입니다. 러시아 소설, 도스토예프스키와 톨스토이의 소설은 근본적인 사태에 매우 몰두하고 있는 듯 보였습니다. 불안, 본질적인 것, 종교적인 불안에 의해 관통되는 책들, 그러나 삶의 의미를 추구하는 것으로 읽을 수 있는 책들. 삶의 의미는 종종 고등학교에서 투르게네프의 영웅들에 관해 배울 때 강조된 말입니다. 이것은 매우 본질적입니다. 사랑이 에로티시즘의 명증성 이전에 이미 그것의 수줍음 속에서 초월의 영역들을 드러내는 소설들 그리고

"사랑을 한다"는 표현이 외설이기 이전에 수치스러운 타락으로 그려지는 소설들. 책들에서 나오는 사랑-감정, 확실히 저의 첫 번째 철학적 경향이 거기 있었습니다. 리투아니아의 고등학교에서 이는 러시아적 전통에 따르자면 철학도 철학 수업도 아니었지만, 원하기만 하면 얻을 수 있는 형이상학적 불안의 풍부함이 거기 있었습니다. 그리고 제 경우, 철학자들을 처음으로 읽을 때 저의 사유에 떠오르는 유대 텍스트로의 이끌림, 다시 읽을 필요도 없이 제가 철학이라 부르는 것으로 저를 이끄는 것 같은 유대 텍스트로의 끌림이 있었습니다. 이것이 플라톤과 아리스토텔레스에 대한 준비인지는 확실치 않습니다만, 여하튼 이것은 철학에 입문하는 제 기호와 일치하는 것이었습니다.
저는 첫 학업 시절에 매우 중요했던 것 중 하나를 기억합니다. 꼭 강조하고 싶습니다. 저는 윤리와 정치 사이의 관계에 대한 모리스 프라딘느의 수업에 참여했습니다. 그는 정치에 대한 윤리적 승리의 예로 드레퓌스 사건을 다루었습니다. 매우 강렬한 인상을 받았죠. 당신도 아시다시피, 동유럽의 유대인들 사이에서도 드레퓌스라는 이름은 도처에 알려져 있었습니다. 인생에서 라틴어 글자 하나 전혀 본 적이 없던 수염 기른 나이 든 유대인들조차도 에밀 졸라를 성인聖人이라 말했었습니다! 그리고 갑자기, 제 앞 강단에 선 교수가 이것을 예로 선택한 것이었습니다. 얼마나 놀라운 세상입니까! 제가 스트라스부르에서 만났던 철학 교수 네 분,

순진하고도 예리했던 제 눈에 우리 대학에서 모든 덕들을 겸비한 것으로 보였던 스승 네 분은 진실한, 잊을 수 없는 사람들로 제게 남아 있습니다! 1976년 소르본 대학 고별 강연에서, 은퇴 전 발언을 할 때 이 네 분을 회상했던 기억이 납니다. "이들이 그 사람들입니다. 철학 개론 교수 모리스 프라딘느, 반프로이트주의적 심리학 교수 샤를 브롱델, 전쟁 기간에 살해된 희생자인 사회학자 모리스 알박스, 너무 일찍 죽어 버린 고대철학 교수 앙리 카르트롱, 카르트롱을 이은 매우 주목할 만한 그러나 네 분 사이에는 들지 못하는 마르시알 게루. 샤를 브롱델은 매우 빠르게 제가 숨김없이 말할 수 있는 사람이 되었고, 프라딘느는 드레퓌스에 대해 매우 잘 말했던 멋진 그러나 상당히 냉정한 스승이었습니다.

**푸아리에** : 스트라스부르에서 당신은 모리스 블랑쇼를 만납니다. 그는 어떤 사람이었습니까? 그는 당신에 대해 썼고, 당신도 나중에 그에 대해 썼습니다. 당신들의 사유 사이에 어떤 공통점이 존재합니까?

**레비나스** : 제가 스트라스부르에서 체류했던 거의 모든 기간 동안 우리는 함께 지냈습니다. 아마도 그가 저 다음으로 2-3년 후에 왔나요? 저는 그를 묘사할 수 없습니다. 저는 그에게서 곧장 극도의 지성, 엘리트로 자처하는 사유라는 인상을 받았습니다. 그는 왕정주의자였고, 이 시기에는 저와

정치적으로 매우 멀리 떨어져 있었습니다. 하지만 우리는 매우 빠르게 서로 가까워졌습니다.
그는 때로 자신의 책에서 저를 언급했고, 그 말의 모든 의미에서 저를 많이 높여 주었습니다. 그의 발언 속에서 그가 저와 유사하다고 느낄 때, 저는 제가 매우 고결하다고 생각합니다. 우리는 많은 지점에서 일치된 사유를 합니다. 그는 자기에 대해서조차 가장 사소한 양보도 없이 전적인 내적 변화를 경험했습니다. 이것이 편의주의라고는 없는 한 인간에 대해 제가 받은 인상입니다. 그는 극단적으로 강렬하고 고통스러운 방식으로 나치 독일의 점령을 겪었습니다. 특히 그는 제가 포로 상태에 처해 있었던 전쟁 기간 동안 제 처를 구해 주었습니다. 그리고 그는 또한 1968년 5월 혁명을 특별한 방식으로 체험했습니다! 그는 항상 가장 뜻밖으로 그리고 가장 숭고하고, 가장 힘겨운 길을 선택했습니다. 이 도덕적 고양, 이 사유의 근본적 출중함이 가장 중요하고 가치를 드높이는 것입니다.

**푸아리에** : 스트라스부르에서 이 두 젊은 학생의 화제는 무엇이었나요?

**레비나스** : 철학의 문제들, 문학의 문제들이었습니다. 매우 일찍, 그는 제게 프루스트와 발레리를 알게 해 주었습니다. 제 기억이 틀리지 않다면, 우리가 초현실주의에 대해서는

많이 말하지 않은 듯합니다. 우리의 화제는 또한 제가 관심을 두었던 현상학적 문제들에 대해 그가 일찍이 가졌던 관심에 기인했습니다. 매우 추상적인 개념들 속에서 예기치 못한 통로들이 나타나고, 문제들은 새로운 미래destin로 나아갑니다prendre. 늘 좋지 않은 건강 상태 때문에, 주변에 있던 우리는 항상 그가 어떻게 그 수입을 가지고서 궁지를 모면하고 난관을 벗어날 수 있는지 의아해했죠.
그는 또한 제게는 프랑스의 우수성의 발현 그 자체이기도 했습니다. 그의 사상 때문이 아니라 사태를 말하는, 모방하기 매우 어려운, 그럼에도 매우 높은 영향력으로 나타나는 어떤 가능성 때문에 그렇습니다.

**푸아리에** : 스트라스부르에 도착했을 때, 당신은 프랑스어를 알았습니까?

**레비나스** : 아주 조금 알았습니다.

**푸아리에** : 당신은 어떻게 했습니까?

**레비나스** : 언어는 결코 장애가 아닙니다! 첫해에, 저는 코르네유를 읽었습니다. 주석이 있는 판본으로 끊임없이 사전을 찾으면서요. 또한 저는 조르주 상드의 소설을 기억합니다. 물론 사전과 함께였지만…. 하지만 스트라스부르에

도착했을 때, 저는 아직 전쟁guerre이라는 단어의 (묵음) u를 여전히 발음하고 있었죠.
당신도 이해하다시피, 제게는 프랑스적인 토양이 이 언어의 토양입니다. 저는 러시아어를 매우 잘 말합니다. 독일어와 히브리어도 비교적 잘 말합니다. 영어를 읽습니다. 그러나 저는 자주 프랑스어를 지키기 위해 싸운 1939년 전쟁 초기에 대해 생각합니다! 말장난 같지만 저는 진지하게 이것을 생각합니다. 제가 토양의 정수를 느끼는 것은 언어 안에서입니다.

**푸아리에** : 당신의 커다란 경탄의 대상 중 한 명은 베르그송입니다.

**레비나스** : 저는 베르그송이 현재 배은망덕하게도 완전히, 형편없이 제대로 평가받지 못하고 있다고 생각합니다. 그는 시련purgatoire에서 벗어나기를 기다립니다. 그럼에도 저는 모던적인 그리고 포스트모던적인 시간 철학의 모든 새로움, 특히 하이데거의 존경할 만한 새로움이 베르그송 없이는 가능할 수 없었을 것이라고 생각합니다.

**푸아리에** : 베르그송을 어떻게 애독하게 되셨나요?

**레비나스** : 당신에게 말한 그 시기, 즉 프랑스에서 학업을

시작한 첫 몇 해 동안인 1924년에서 1930년까지라고 말해야겠네요. 베르그송은 새로운 철학으로 가르치는 철학자였고, 저는 새로움의 감각에 충분히 충실했습니다. 저는 지속과 발명invention이라는 개념 안에, 실체성과 지속성에 대한 모든 문제화 안에 있었습니다. 존재 개념의 문제화, 존재를 조금 넘어서 그리고 존재와 다르게, 통시성의 모든 경이驚異. 우리 시대의 인간에게, 더 이상 단순히 부서진 영원성이 아닌 시간의 방식 또는 항상 확실한 것을 참조하는 영원한 것의 결함, 반대로 우리 안의 무한의 사건 자체, 선bien의 탁월함 자체.
베르그송 담화에서의 "기술적인" 많은 계기들, 즉 관념연합론 또는 기계론적 생물학과의 대립은 영원한 것의 "절대"에 대한 시간성이나 우월성보다는 제게 덜 감동적입니다. 인간의 인간성은 시간성의 우연한 산물이 아니라 본래적인 성취 또는 최초의 유기적 결합이라는 것이지요.

**푸아리에** : 1928-1929년에 당신은 후설의 수업을 듣기 위해 프라이부르크로 갑니다. 후설의 사유에서 흥미를 끄는 부분은 무엇이었나요?

**레비나스** : 이것은 제게 현상학의 모험을 시작하는 일이었고, 오늘날 우리가 말하는 것처럼 "불가피해" 보이는 길이었습니다. 저는 왜 우리가 이 단어를 좋아하지 않는지 알지

못합니다. 러시아어에서 "필연적인nécessaire"이라는 단순한 단어는 정확히 "우리가 우회할 수 없는 것"을 의미합니다. 여기에서 어떻게 우리가 불가피한 것에 이르는지를 볼 수 있습니다. 저는 미래에 대해 어떤 결정도 정하지 못한 채 학부 마지막 시간을 보내고 있었습니다. 저는 폭넓게 제 주변을 살펴보았고 그러다가 한 젊은 사람, 가브리엘르 파이퍼Gabrielle Peiffer를 보았습니다. 그는 스트라스부르 철학연구소에서 후설을 읽고 있었습니다. 그는 제게 이 어려운 저자를 읽도록 권했습니다. 저는 집중해서 『논리 연구』를 읽었습니다. 더는 공개되지 않은 사변적 구성이 아닌 새로운 사유의 가능성으로, 하나의 사유에서 다른 사유로 이동하는 새로운 가능성으로 연역법, 귀납법, 변증법 옆에 "개념들"을 펼치는 새로운 방식으로 접근했다는 인상을, "직관" 안에서 영감을 베르그송의 부름 저편에서 접근했다는 인상을 받았습니다. 사물을 향한 시선이 또한 이 사물에 의해 가려진 시선이라는 사실에, 대상은 우리가 그것을 홀로 취할 때에는 눈먼 추상화일 뿐이라는 사실에, 모호한 담화를 낳으면서 보이는 것보다 당신이 덜 보도록 만드는 사실에 접근하고 있다는 인상을 받았습니다. 그리고 의식, 즉 "지향적"인 망각된 체험으로의 복귀, 모사된 체험과는 다른 것을 조준하는 겨냥visée에 의해 활기를 띤 의식으로의 복귀, 그리고 항상 어떤 것의 이념, 의미화의 지평을 여는 의식으로의 복귀. 우리는 이 추상적인 대상이 거주하는 구체성 또는 진리를 발견하지요. 이러한 의식으로의 복귀 사실에 접근하고 있다는 인상을 받았습니다. 대상에서 지향으로 그리고 지향에서 이 지향이 목표의 지평으로서 내포하는 모든 것으로의 이행은 진정한 사유, 진실의 사유일 것이고 또는 당신이 원한다면, 순수하게 객관적인 앎 속에서 당신에게 주어진 것의 세계일 것입니다. 저는 때때로 대상에서 대상의 연출mise en scène로, 대상에서 대상의 나타남apparaître이 함축하는 모든 현상들로 이행해야만 한다고 말하면서 지향을 정식화합니다. 텍스트에서 구체적 사건으로 이행하는 그리고 이 사건이 궁극적으로 나타날 또는 참말로 가시적일 겉모습의 모든 충만함을 가져오도록 강제하는 연출가로서 현상학에 의한 객관성을 밝혀야 합니다. 따라서 보여진 것에 의해 눈멀게 된 봄vision을 피해야 합니다! 그러나 본질적인 것은 결국 지향성의 은밀한 지향들을 잘 듣고 잘 서술하는 것이 됩니다. 이것은 심리학적인 것 또는 객관적인 것 저편 객관성의 의미 또는 가능성이 풍부해 보이는 존재의 의미가 드러나는 의식의 망각에 대한 또는 비밀에 대한 새로운 시선attention입니다. 저는 후설을 보러 갔습니다. 물론 이는 "철학에 한없는 초심자"로서 철학자를 규정하는, 동시에 불확실성의 정식화 안에 이미 단단히 자리한 자로서 철학자를 규정하는 후설을 따르기 때문이었습니다. 위대한 스승에게 다가가는 한 젊은이에게 마치 철학 입문을 이해하는 일이 한없는 논쟁과는 별개로 중요했던 것처럼, 특히 근본적인 후설의 초창기, 그의 본래적인 망설임을 찾아내야만 하는 것이 중요했던 것처럼 말입니다. 저는 아마 아주 초보적이었거나 몹시 배은망덕했을 것입니다. 제가 찾은 중대한 것은 후설의 방식voie이 하이데거에 의해 연장되고 변형된 방법이었습니다. 여행객의 언어로 말하자면, 후설 집에 갔다가 하이데거를 발견한 듯한 느낌을 받았던 것이죠. 물론 저는 히틀러와의 관계 속 하이데거를 결코 잊지 못할 것입니다. 비록 이 관계가 짧은 기간이었다 할지라도, 관계는 영원히 존재합니다….

하지만 하이데거의 작품들, 그가 『존재와 시간』에서 현상학을 사용했던 방식을 보고 저는 그가 역사상 가장 위대한 철학자들 가운데 한 명이 되리라고 즉시 알아차렸습니다. 플라톤, 칸트, 헤겔, 베르그송처럼 말이죠.

저는 철학의 다섯 갈림길을 선정했습니다. 존재-신학, 초월철학, 역사로서의 이성, 순수 지속, 존재자와 구분되는 존재 현상학. 저는 사유의 공간 안에서 분간되는 이 방법을 중요시하지 않았습니다. 하지만 방법이 무엇일 수 있든지 간에, 하이데거는 절대 부재하지 않을 것입니다.

**푸아리에** : 당신은 후설을 만났습니다! 그는 어떤 사람이었나요?

**레비나스** : 저는 이전에 후설이 연구 중에 있음에도 불구

하고 제게는 너무 완벽해 보였다고 말한 적 있습니다. 그는 자신의 연구에 대한 연구를 마쳤습니다. 이것이 훨씬 더 정확한 표현일 것입니다.

후설은 현상학적 연구가 단지 시작되었다고 평가했고, 밝혀진 각 영역이 연구를 계속하게 되는 공동 작업의 원인이 되었다고 생각했습니다. 그러나 열린 지평들의 방법론을 위한 더 이상의 놀라움은 없었습니다. 쌓이는 원고들 안에서, 우리는 원고들의 명확성에 감탄할 만한 그리고 시선의 뛰어난 명철함을 증명하는, 상당 기간에 걸쳐 암시되고 간파된 것의 확증들을 발견합니다. 이 시사점들은 중요하면서도 유익한 전개를 받아들입니다. 하지만 더 이상 예기치 못한 것으로 보이지는 않습니다. 우리는 이따금 이때까지 출판된 작품에서 시사점들을 짐작할 수 있었습니다. 또한, 후설이 구술로 한 가르침에 완성된 어떤 것이 있기도 했습니다.

만약 당신이 그것에 대해 질문한다면, 대화를 시작하기 어렵습니다. 당신의 질문과 관련하여, 강연에서는 항상 이어지는 전개를 답했었고, 주제가 다루어졌던 훌륭한 원고들에서 항상 대답이 언급되었습니다. 아마도 이러한 진전의 윤곽이 당신에게 더 이상 깊은 인상을 새기지는 않을 것 같네요. 당신은 종종 스스로 질서를 비밀로 간주하는 것 또는 질서의 비밀을 추측하는 것이 잘못이라는 느낌을 가질 테니까요. 반대로 하이데거의 작품, 특히 여전히 현상학인 『존재와 시간』에서는 각 페이지가 새로움이었습니다. 저는 소감을 말합니다. 지금 말하는 소감이 진지한 만큼 진실한지는 잘 모르겠습니다. 후설은 덜 타당해 보였습니다. 왜냐하면, 그가 제게는 덜 뜻밖이었기 때문입니다. 이것은 역설적이거나 초보적인 평가입니다. 하이데거 작품에서는 모든 것이 뜻밖이었습니다. 정감성affectivité, 일상에 대한 새로운 접근, 존재와 존재자 사이의 차이, 유명한 존재론적 차이에 대한 그의 분석은 경의로웠습니다. 정식화들의 선명함 속에서 함께 사유되었던 엄밀함은 절대적으로 인상적이었습니다. 지금까지 이것이 제게는 종종 하이데거 기획에서 최근의 사변적인 결과, 형이상학의 종말, **존재사건**Ereignis의 주제, 불가사의한 이타성 안에서의 **존재하기**es gibt보다도 더 소중합니다. 제게 남아 있는 것, 이것은 후설에 의해 발견된 현상학적 분석에 대한 하이데거의 훌륭한 적용입니다. 아, 그러나 1933년의 공포가 떠오르네요.

**푸아리에** : 당신이 후설과 하이데거 같은 사람들과 함께 가졌던 스승과 제자의 관계가 어떤 유형이었는지 알고 싶습니다.

**레비나스** : 후설, 저는 나이가 매우 많은 노인이었던 그를 알았죠. 저는 그의 집에 갔었고 후설 부인에게 프랑스어 수업을 했습니다. 수업은 후설이 제게 매우 친절하고 너그럽게 요청한 것이었죠. 저는 후설에게서 사유의 가장 중요한

순간, 최후의 심판에서 제가 항상 인정하지 못했던 실망이 있었음에도 불구하고, 의식 안에서는 그를 매우 커다랗게 존경했습니다.

**푸아리에** : 하이데거에 대한 기억은 무엇이 있을까요?

**레비나스** : 수업과 세미나에서 대화를 나눈 것 외에 개인적 친분은 없었습니다. 저는 하이데거가 칸트에 대해서 말하고, 카시러가 하이데거에 대해서 말했던, 1929년 다보스에서 있었던 유명한 만남에 참가할 수 있었습니다. 신칸트주의자 카시러는 『존재와 시간』과 칸트 해석자로서의 하이데거에 대해 말했습니다. 거기서 우리는 강의라는 환경을 벗어나 하이데거를 볼 수 있었습니다. 기억할 만한 만남이었습니다. 저는 제가 카시러 역할을 했어야만 했던, 학생들에 의해 구성된 촌극revue에 대한 기억을 간직하고 있습니다. 미래에 교수가 될 볼노우가 하이데거 역할을 의뢰받았죠. 저는 이 시기에 매우 풍성한 검은 머리카락을 가지고 있었습니다. 그래서 저는 카시러의 고상한 회색 머리 모양새를 연상시키기 위해 머리에 하얀 가루를 많이 뿌렸습니다. 현재 은퇴한 볼노우에게, 저는 하이데거의 어원적 발견을 희화화하는 듯한 대사를 했습니다. "왜냐하면 해석하는 것은 문제를 뒤죽박죽으로 만들기 때문이지 않을까요?Weil interpretari heisst eine Sache auf den Kopt Stellen"

**푸아리에** : 철학적 관점에서, 하이데거와 카시러 사이의 만남은 무엇을 의미합니까?

**레비나스** : 아마도 이 만남이 있던 시기에 어떤 휴머니즘의 소멸, 그러면서도 오늘날 우리의 문화와 철학의 넘을 수 없는 이율배반, 심원한 먼 옛날의 넘을 수 없는 이율배반이 있었던 듯합니다. 그리고 세련된 휴머니스트, 귀족의 용모를 지닌 신칸트주의자, 헤르만 코헨의 영광스런 제자, 과학의 가지성可知性으로부터 칸트를 해석하는 현대의 해석자 카시러의 영원한 귀환이 있습니다. 레옹 브룅슈비크와 매우 가깝게, 브룅슈비크처럼 합리주의, 미학 그리고 19세기의 정치적 사유들의 연속성 안에 카시러가 있습니다. 실증주의와 진부한 과학주의와는 매우 먼 그러나 우리의 스승 브룅슈비크처럼 카시러는 수학의 발명이 내적 삶 자체이고 불가피한 죽음에 대한 사유가 어느 철학자든 간에 제1의 사유는 아닐 것이라고 확신했습니다. 그러나 오늘날 블랑쇼와 같은 정신 안에서, 블랑쇼와 같은 생각esprit 안에서 다른 어디에서도 서로 이해하지 않고 서로 거의 듣지 않는 두 개의 영혼(하이데거, 카시러)이 공존하고 대화합니다.
다른 한편에는 엄밀한 과학, 가지성의 근원과 사유의 의미를 위해 취한 물리-수학을 기원으로 하지 않았던 철학자, 하이데거가 있었습니다. 그러나 다보스의 하이데거는 프라이부르크의 하이데거를 통해 내게로 돌아옵니다. 구술

의 형태로부터 이해된 존재, 존재 사건으로서 그리고 인간과 관계되는 것으로서 이해된 존재의 하이데거. 모든 존재자의 오성悟性에 필수적인 의미. 하이데거에게 과학은 관념세계의 양상들 가운데 하나입니다. 그러나 이는 이미 파생된 하나의 양상이기도 합니다. 기원, 그는 인간 존재자 안에서 기원을 찾았습니다. 존재는 명백히 존재를 이해하는 데에 있습니다. 그리고 그때부터가 존재자의 존재가 의미를 획득하는 상황입니다. 거기에 새로운 길이 있습니다. 철학적 물음의 급진화, 물리-수학에 대한 성찰과 관련한 우선성이 거기 있습니다.

우리가 알고 있는 사유는 우리 세기의 모든 철학에 대한 반향입니다.

그리스적 사유의 새로운 결말, 이것은 단지 현대 과학의 여명으로서만 나타나지 않습니다. 이 결말은 존재의 물음을 자각함으로, 또한 초기 일탈의 장소로 인해 나타나는 것입니다.

하지만, 또한 항상 애매함 속에서 필연적인 방식으로의 과정을 보증하는 일탈이 있습니다. 그리고 필연적이고 드라마틱한 오류도 있죠. 이는 결코 단순한 오류나 격차는 아닙니다. 사유의 새로운 비장함입니다.

존재론적인 것의 뒤를 잇는relais 동향 속에서 발견되는 데카르트와 칸트의 동향과는 다른 방향 속에 의미의 기원에 대한 열정이 있습니다. 과학의 기초라는 문제보다도 더 중요하고 더 근본적인 문제들이 있습니다.

**푸아리에** : 만남은 대화 형태로 일어났습니까?

**레비나스** : 다보스에서는요. 대화의 형태, 일련의 토론 형태, 또는 단순히 말을 주고받는 형태로 만남이 이루어졌습니다. 그들은 각자 자기 차례에 말을 했습니다. 제 기억으로는 몇몇 질문들이 있었고, 논쟁이 벌어진 몇몇 회합이 있었습니다. 젊은 학생들은 창조와 세계 종말에 참여했다는 느낌을 받았을 겁니다.

**푸아리에** : 사람들은 커다란 동요를 느꼈습니까?

**레비나스** : 틀림없습니다! 카시러는 해체됐어야 할 질서를 표현했습니다. 우리는 지금, 아마도 기억이 왜곡될 수도 있는 어떤 관점의 격차를 가지고 있습니다. 저는 하이데거가 전복되었어야 할 세계를 공표했다고 생각합니다. 당신은 3년 후, 하이데거가 나치에 합류했음을 알 것입니다. 다보스에서 이미 그것을 예감할 수 있었다면, 아마도 제게 예언 능력이 있어야 했을 것입니다. 저는 오랫동안, 그러니까 가혹한 몇 해 동안에 걸쳐 가졌던 열의에도 불구하고, 제가 그때 그런 예감을 느꼈었다고 생각했습니다. 서로에게 영향을 끼쳤던 가치 판단은 확실히 시간과 함께 변해야 했습니다. 그리고 저는 히틀러가 통치한 기간 동안, 다보스에서 하이데거를 많이 좋아했던 저 자신을 탓했습니다.

**푸아리에** : 일화처럼 보일 수 있겠지만, 하이데거는 어떤 사람이었습니까?

**레비나스** : 드리기 어려운 답변입니다. 그가 제게 말했던 것은 그의 권위에 의해 감춰져 있습니다. 그는 매우 권위주의적으로 보였지만, 그의 말은 매우 신뢰가 갔습니다. 그는 자신의 말이 교조주의적이지 않고 진리를 강하게 진술하고 있음을 아는 것 같았습니다. 그가 무엇인가 뒤집지 않았습니까! 그는 항상 무언가를 뒤바꿨습니다! 그는 그리 큰 키는 아니었고, 스키 타는 사람 복장으로 산책을 했습니다.

**푸아리에** : 국가사회주의(나치)와 마주한 하이데거의 태도를 당신은 어떻게 설명하시겠습니까?

**레비나스** : 저는 잘 모릅니다…. 이것은 하이데거에 대한 저의 사유에서도 가장 어두운 부분이고 잊을 수 없는 것입니다. 아마도 하이데거는 세계가 해체된다는 느낌을 받았을 것입니다. 하지만 그는 어쨌든 한때 히틀러를 믿었습니다. 이것이 어떻게 가능할까요? 카를 뢰비트의 회상에 따르면, 오랜 시간이었습니다!
그의 거침없는, 단호한 목소리는 종종 제가 라디오에서 히틀러의 목소리를 들었을 때를 떠오르게 했습니다. 아마 가족의 결정도 있었을 것입니다. 하이데거의 부인은 일찍부터 히틀러주의자였습니다.

**푸아리에** : 우리는 스트라스부르에서의 시기와 스트라스부르 이전 시기 사이에 단절이 있다고 느낍니다. 히브리어를 배웠던 그리고 성서를 읽었던 사람이 겪은 단절이요.

**레비나스** : 스트라스부르에서 학업을 계속하던 기간 동안 히브리어 독서를 더 할 수는 없었습니다. 저는 훨씬 덜 읽었습니다. 다시 계속하게 된 것은 조금 지난 후입니다. 하지만 어떠한 단절도 없었습니다. 절대 포기는 없었습니다.
위기는 없었습니다. 저는 단순히 제가 배워야만 했던 새로운 것들에 의해, 또한 많은 프랑스어에 의해 붙들렸을 뿐입니다. 잊지 마세요, 배워야 할 많은 프랑스어. 저는 돌아왔습니다. 스트라스부르에서 제가 당신에게 말했던 스승, 앙리 카르트롱의 영향 아래 가톨릭교도인 동료들에게서 전개되었던 중세 연구, 거기에 끌린 열정에 의해 받게 된 성서의 느낌이 매우 신기했습니다. 앙리 카르트롱은 너무 일찍 죽었습니다. 저는 후설에 대해 쓴 제 첫 번째 책을 그에게 헌정했습니다. 특히 토마스 아퀴나스는 커다란 중요성을 가졌습니다. 저는 생각했습니다. 그래도 저의 본래 텍스트들을 잊어서는 안 된다고. 유대교 공부를 위한 저의 흥미는 엄밀한 의미에서 완전히 유대교와 무관한 연구를 하려는 저의 의도와 함께 되살아났습니다. 후에, 특히 방학 동안 리투아니아에 돌아가면서, 저는 유대교 공부와 함께 전통적인 장서들과 다시 만났습니다. 저는 유대교 공부를 절

대 포기하지 않았습니다. 그러나 유대교 공부가 끼친 영향은 제 철학적 학업 초기에는 의식적으로 인정되지 않았습니다.

저는 생각합니다. 교수들과 함께했던 선지자들에 대한 독해가 제게 다소 학구적으로 보이기 시작했을 때, 예전에 믿지 않았었던 더 신비한 점들이나 연구해야 할 점들이 거기에서 보였습니다.

그러나 이것은 진정한 단절도 진정한 재개再開도 아니었습니다. 이것은 훨씬 나중에 매우 고귀한 히브리 문화를 지닌 어떤 비범한 인물들을 만나게 되면서, 제가 훨씬 더 많은 시간을 할애하고 훨씬 더 직접적인 방식으로 관심을 갖기 시작했던 것입니다.

절대 하나의 대상과의 관계로서가 아닌, 저 자신의 실체와의 관계로서 말입니다.

**푸아리에** : 후설과 하이데거의 관계는 어땠나요?

**레비나스** : 후설은 하이데거가 자신의 제자로 남았다고 확신했습니다. 그리고 제가 생각하기에, 후설은 하이데거가 "초월론적 환원"을 가르치지 않았다고 차차 인정했습니다. 후설이 이 실망을 이야기한 학생 중 한 명에게 쓴 편지가 남아 있습니다.[3] 프라이부르크에 후설과 하이데거 사이의

3 [영역본 각주] 후설이 로만 잉가르덴Roman Ingarden에게 보낸 편지이다. *Briefe an Roman Ingarden*, The Hague: Nijhoff, 1968, p. 56. 참조.

만남과 관련한 뜸한 흔적이 남겨져 있습니다. 이것은 충분히 극적이었습니다.

**푸아리에** : 하지만 학생이었던 당신과 나머지는….

**레비나스** : 아, 우리는 (둘의 관계를) 매우 잘 알았습니다! 그러나 읽고 비교한 텍스트들 때문이었지 사실 때문은 아니었습니다.

**푸아리에** : 당신은 그것을 이해했습니까?

**레비나스** : 우리는 논문과 논문들의 대립하는 경향을 비교했습니다. 그러면서 또한 연속성의 징후들을 찾았습니다. 대략 50여 년 전, 57년이나 되었네요. 1930년에 간행된 제 첫 번째 책에서, 저는 하이데거적 요소들을 생각하면서 후설의 학설을 소개하려고 애썼습니다. 마치 후설의 철학이 이미 존재와 존재자에 대한 하이데거의 문제를 제기했었던 것처럼 말입니다. 저는 오늘날 그것이 전부 잘못이라고 생각하지는 않습니다.

**푸아리에** : 당신은 하이데거의 제자였다고 생각하십니까?

**레비나스** : 그렇게까지는 생각하지 않습니다. 심지어 그럴

자격이 있다고 생각하지도 않습니다. 그러나 제 삶의 일부였음을 부인할 수는 없겠지요. 또한, 오늘날 여전히 하이데거의 텍스트를 읽을 때마다 특히, 『존재와 시간』을 다시 읽을 때마다 느끼는 놀라움을 부인할 수 없습니다. 당신에게 말했던 분석의 힘에 의해 저는 사로잡혔습니다.

**푸아리에** : 전쟁 이전 몇 해 동안 당신이 밟았던 여정은 무엇입니까?

**레비나스** : 학위 논문 이후, 저는 프랑스 국적을 신청했고 그것을 얻었습니다. 저는 결혼을 했고 파리에서 군생활을 했습니다(역사적인 시간처럼 느껴진, 외국인연대La Tour d'Aubergne[4] 중 46 보병연대에서). 그리고 세계이스라엘연맹 교육사업부에 들어갔습니다. 이 기관에 대해서 두 가지를 말씀드려야만 합니다. 세계이스라엘연맹은 아직 시민권을 갖지 못한 나라들에 거주하는 유대인들의 해방을 위해 애쓰고자 하는 관심에서 1860년 설립되었습니다. 국제적인 사명을 가진 첫 번째 유대교 기관은 프랑스의 인권 사상에 의한 사유로부터 창설되었죠. 이러한 영감 안에는 어떠한 시온주의적 느낌도 없었습니다. 연맹은 유대인들이 시민으로 인정받지 못하면서 거주하는 국가에서 유대인들을 해방시키는 것과 관련되어 있었습니다. 활동은 곧장 비유럽 국가들

4 [옮긴이] 이 명칭은 나폴레옹 시대에 용병으로 이루어진 연대를 가리킨다.

을 향해, 지중해 연안의 지역들을 향해, 북아프리카를 향해, 이후로 시리아, 이라크, 이란이 된 터키, 유럽, 아시아의 지방을 향해 나아갔습니다. 매우 빨리 이 활동은 교육 사업이 되었습니다. 최초 단계의 프랑스 학교 설립은 특히 19세기의 이상주의자들에게, 1848년 혁명의 동시대인들에게 보편 문화로의 인간 정신의 고양을 의미했고, 1789년[5]의 영광스러운 이념들을 표명하는 것을 의미했습니다. 이 학교들은 특별한 발전을 이루었습니다. 제가 당신에게 말했던 다소 "오래된 역사"가 여기에 있습니다. 그러나 연맹의 프랑스 학교 내內 지중해 연안 출신 모든 유대인 학생들, 때로 그들의 고유한 전통을 희생시켜 후에 새로운 통합 안에서 재회한 학생들은 곧 프랑스어를 통해서 그리고 프랑스 이념을 통해서 프랑스를 자신들의 조국이라고 생각하고 존중했습니다. 이 교육 사업은 물론 전쟁 후에 재정립되었습니다.

**푸아리에** : 이 교육 사업 중에서 당신은 어떤 역할을 맡았나요?

**레비나스** : 전쟁 이전, 지역적 민족주의에 앞선 마지막 몇 년 동안이었는데요. 매우 늦은 시기였습니다. 저는 여기 파리에서 이 학교들에 전념했습니다. 행정, 교수법 그리고 의식의 문제와 결부된 상당한 조화를 이루었습니다.

---

5 [옮긴이] 프랑스 혁명이 일어난 해.

거의 백년 전부터 멀리 떨어진 학교들을 위해 선생을 양성했던 파리의 동방사범학교 책임직에 제가 임명되었고, 그 직무는 전쟁 후에도 계속되었습니다. 저는 1939년 군대에 동원되었습니다. 브뤼에르가 45번지 연맹 본부가 있는 사무실을 떠났죠. 포로 상태에서 풀려나 돌아와서는 오퇴이 Auteuil[6]에 있는 이스라엘동방사범학교를 운영하기 위해 다시 책임직에 올랐습니다.

**푸아리에** : 지적知的으로는 어땠습니까?

**레비나스** : 저는 전쟁 전 몇 해 동안 특별히 어떠한 유대적 주제도 갖진 않았지만 유대적인 것이 인간적인 것을 드러내거나 시사하는 것에서 발생한 철학적 텍스트를 작성했습니다.
텍스트 가운데 하나인 『탈출에 관해서』는 얼마 전(1980년) 재판이 나왔습니다. 저보다 어린 친구인 자크 롤랑이 서문과 주석을 썼고, 100쪽 분량의 책이 되었습니다. 1935년에 썼던 본래 텍스트에서 우리는 다가오는 전쟁의 불안, 그리고 전적인 "존재의 피로", 이 시기를 살아가던 영혼의 상태를 파악할 수 있습니다. 어떤 다른 형태 아래에서, 제가 이날 이후 하려고 한 것들에서 계속되었던 존재에 대한 불신, 전체적으로 곳곳에서 임박한 히틀러주의가 예감되었던 시

6 [옮긴이] 파리 16구의 한 구역 명칭.

대의 불신이 있었죠. 끊임없이 감지된 히틀러주의와 모든 망각을 용인하지 않는 히틀러주의 사이에서 제 삶이 순탄했을까요?
제 사유에서, 모든 것이 유대교의 운명과 연관되지는 않습니다. 그러나 연맹에서 한 제 활동은 도처에서 관련되는 사회적이고 정치적인 구체적 문제들로 끊임없이 환원되는, 유대인이 당한 시련의 영향 아래 있었습니다. 유럽에서, 연맹의 지중해 연안 학교들을 넘어 특히 폴란드에서는, 적대적인 독일과의 가까움이 1933년 이래로 겨우 진정된 반유대주의의 본능을 일깨웠습니다. 정신적인 반향에 구체적인 문제들. 늘 엄청난 사실들. 수수께끼 같은, 학파의 해석에 어울리지 않는 훌륭한 옛 텍스트로 돌아가는 사유! 여기에 더해 행정에 대한 관심 그리고 숙고와 자각, 즉 성서로 초대하는 교육법에 대한 관심이 있었습니다. 적어도, 이것은 제가 텍스트와 가까워질 무렵 항상 느꼈던 것입니다.
자크 롤랑의 호의적인 논평을 수록한 작은 책『탈출에 관해서』에서는 유대인의 조건을 넘어선 인간성을 분명히 했습니다signifier.

**푸아리에** : 역사는, 당시 당신을 많이 억압했습니까?

**레비나스** : 네. 역사는 역사학이 아닌 역사적 사건들이었습니다. 그러나 당신도 아시다시피 라이프니츠, 칸트, 괴테,

헤겔의 독일에서 일어난, 그토록 근본적인 독일의 깊은 곳에서 일어난 유럽의 히틀러 시기의 부단한 이 일종의 절망, 이것을 알리는 것은 매우 어려운 일입니다.

**푸아리에** : 그리고 니체에 대해서는요.

**레비나스** : 니체 자신은 절망했었습니다. 저는 항상 니체가 썼던 것을 모든 가치들이 손상될 시대의 예감에 결부시킵니다. 니체는 수십 년 후에 혼란스럽게 될, 뒤섞이고 모순될 가치들을 고발합니다.
그리고 오늘날 여전히 저는 아우슈비츠가 선험적 관념론의 문화에 의해 저질러졌다고 생각합니다. 히틀러, 그-자신은 니체 안에서 발견될 것입니다.

**푸아리에** : 2차 세계대전 동안 당신은 무엇을 했습니까?

**레비나스** : 저는 전쟁이 시작되고 얼마 되지 않아 포로가 되었습니다. 저는 1939년이 되기 몇 해 전 군 통역병 시험에 통과했었고 러시아어, 독일어 통역병으로 징집되었습니다. 후퇴하던 제10보병연대와 함께 렌느Rennes에서 포로가 되었습니다. 프랑스에서 몇 달간 구금된 후, 저는 독일로 이송되었습니다. 저는 곧장 특별한 조건에 제한되었습니다. 저는 유대인으로 선고받았지만 수용된 사람들의 운명에 따

른 유니폼으로 구분해 보면 사면된 유대인이었고, 특별한 작업반에서 다른 유대인들과 함께 재편성된 유대인이었습니다. 숲속에서 다른 모든 프랑스인들과는 분리되어 일을 했습니다. 그러나 포로를 보호하는 제네바 협약의 혜택을 분명 받았습니다.

**푸아리에** : 당신의 구금 생활은 어떠했습니까?

**레비나스** : 우리를 독일로 이송시켰을 때, 하노버 근처 포로 수용소에다가 도착한 사람들을 분산시켰습니다. 한편에는 유대인, 다른 편에는 비유대인과 특별한 작업반을 위한 유대인으로요. 이 시기 동안 행한 활동 하나하나로 우리 안의 존엄 의식을 되살려 주었던 수용소에서 가장 신망이 두터웠던 한 사람의 친절한 인간성을 저는 매우 높게 평가합니다. 이것은 그리스도교와 관련한 저의 매우 중요한 경험 중 하나입니다. 그는 아베 피에르라고 불렸습니다. 저는 그의 성姓을 몰랐습니다. 프랑스의 자선 사업 연대기에는 아베 피에르와 관련된 수많은 인용이 있습니다. 저는 항상 우리를 도와주었던, 격려했던 그분에 대해 생각합니다. 마치 나쁜 꿈이 사라진 것처럼, 언어 그 자체가 잃어버린 발음법을 다시 찾아낸 것처럼, 그리고 타락 이전의 고귀함으로 돌아간 것처럼 말입니다. 나중에 우리는 유대인 작업반에서 일어난 모든 문제에 대해 아베 피에르에게 다시 이야기하고

자 수용소로 돌아오고 싶었습니다.

일반적으로, 저는 그리스도교의 자비가 히틀러의 박해 동안에만 우리 사이에서 많이 나타났다고 생각합니다. 경험의 역설이죠. 저는 늘 아우슈비츠의 사형 집행인들, 기독교도들 또는 가톨릭교도들이었던 그들 모두가 아마 교리문답을 했을 것이라고 생각했습니다. 그렇지만 우리를 맞이했고, 도와주었고, 종종 훌륭하게 구해 내기도 했던 일반 시민들, 즉 순수한 신도들 그리고 계층의 구성원들에 대해 우리가 경험했던 것은 절대 잊을 수 없습니다. 그리고 저는 많은 계략과 위험이 있음에도 불구하고 오를레앙 근처 생-뱅상-드-폴Saint-Vincent-de-Paul 수도원으로 제 아내와 딸을 구조하는 일을 도왔던 사람rôle을 지금까지도 계속해서 잊지 않고 있습니다. 우리는 포로수용소에서 헌신한 군목 신분들에게도 감탄했습니다. 비록 그들이 포로수용소의 규정이었던 인종차별을 폐지하는 데까지는 이르지 못했을지라도 말입니다.

저는 유대인 작업반에 있었습니다. 이때는 고통의 시기는 아니었습니다. 우리는 숲에 일하러 갔었고 그곳에서 하루를 보냈습니다. 모든 프랑스 포로들처럼 물질적으로는 소포에 의해, 도덕적으로는 편지에 의해 지원을 받았습니다. 독서를 위해 여가를 얻어 낸 생활도 있었죠. 사회적 환경과 매우 다른 문화적 환경 사이에서도 형제애를 바탕으로 교제하기도 했습니다. 어디에서 보냈는지는 모르겠지만 책도 도착했습니다. 육체노동자들은 아나톨 프랑스와 프루스트를 읽었습니다.
작업장에서 독서에 대해 말하고 교양을 쌓는 모습은 매우 아름다웠습니다. 이제 우정 어린 작은 개에 대한 이야기를 하겠습니다. 작은 개는 우리와 친교를 맺었습니다. 어느 날인가, 작업장으로 가는 우리 포로들과 이 작은 개가 동행한 적이 있었습니다. 감시자도 반대하지 않았죠. 그러나 그 이후로 이 작은 개를 더 이상 우리와 함께 가도록 보내지 않았습니다. 개는 작업반에 남겨졌고 홀로 우리를 배웅했습니다. 그러고서 우리가 작업을 마치고 돌아올 때, 이 작은 개는 매우 만족해 하여 깡충깡충 뛰면서 우리를 반겨 주었습니다. 마을을 가로지르면서, 우리를 유대인으로 바라보는 주민들로 가득찬 이 독일 한구석에서, 이 개는 우리를 확실히 인간으로 간주했습니다. 물론 주민들이 우리에게 욕설을 퍼붓거나 어떠한 악행을 저지른 건 아닙니다. 그러나 그들의 시선은 여실히 말해 주었습니다. 우리는 유죄 선고를 받았고 병원균 소지자로 병균을 옮기는 자들이었습니다. 반면 작은 개는 수용소 입구에서 우리 주변을 정답게 뛰어오르면서, 즐겁게 짖으면서 우리를 반가워했습니다.

**푸아리에** : 포로 상태로 있는 동안 무엇을 읽으셨나요?

**레비나스** : 물론 헤겔을 읽었습니다. 게다가 모든 출전出典

의 많은 철학적 텍스트를 읽었습니다. 예전에 제가 읽을 시간이 없어 못 읽었던 많은 책을 읽었죠. 18세기 저자들, 디드로, 루소, 그리고 예정에 없던 저자들의 책을 읽었습니다. 그래도 프루스트를 더 많이 읽었습니다. 그러다 갑자기 "이게 다 무슨 소용인가?" 하고 자문하기도 했습니다. 그러나 숲속에서 매일 육체노동을 하는 삶 속에서 보낸 시간, 가혹 행위 없는 감시자의 감독 아래에서 보낸 시간은 문화적 관점에서 보자면 무익한 것까지는 아니었습니다.
이는 역설적입니다. 모든 것은 어떤 의미에서 일시적이었습니다. 우리가 여기에서 벗어나지 못한다면 이것이 무슨 소용인지 자문했습니다. 그러나 숲속 외진 작업반에 속한 전쟁 포로들이 지닌 이 상대적인 특권은 안정된 영역을 만들어 냈습니다. 대단히 교양 있는 사람은 거의 없었지만, 모두가 책을 읽고 의문을 가졌습니다. 우리는 바깥에서 일어나는 일을 알지 못했습니다. 우리 식으로 은밀하게 해석된, 재해석된, 독일 라디오에서 들려오는 일부 정보들은 군사작전에만 관계된 것이었습니다. 이것이 외부세계와의 유일한 접촉이었습니다. 우리는 스탈린그라드에서의 적의 상황을 알았습니다. 그리고 다른 곳에서 우리 가족에게 일어났던 일, 가족이 보낸 편지에서 우리를 놀라게 하고 싶지 않아 했던 일보다 더 많은 것을 알게 되었습니다. 점점 소식들이 들려왔습니다. 어느 가족은 식구 중 한 명을 잃었습니다. 어떤 이는 더 이상 반응을 보이지 않았습니다.

우리가 희망과 위로 속에서 해석하고자 했던 숨겨진 방식들, 끔찍한 소식들이 떠오르네요.

**푸아리에** : 대량 학살에 대해서는 어떠한 소문도 접하지 못하셨나요?

**레비나스** : 아니오. 조금은, 네. 나중에야, 하지만 결국 천천히 알게 되었습니다. 우리 가족이 경험했던 모든 것은 알려지지 않았습니다. 상상할 수 없는 수용소의 모든 공포는 알려지지 않았습니다. 연민이나 예외 없는, 헛된 기대가 없는 의식, 운명의 이치를 따르는 의식 안에, 책에서의 일시적인 일상과 망각 또는 우매화를 동반하거나 우매화 없는 극소의 통찰력이 있었습니다.

**푸아리에** : 당신이 첫 번째 책 『존재에서 존재자로』를 집필하기 시작한 것은 더구나 포로 상태일 때였습니다.

**레비나스** : 네. 저는 책을 쓰려고 신경을 썼습니다. 하지만 제가 돌아왔을 때 책으로 다 준비가 되지 않았습니다.

**푸아리에** : 프랑스에 돌아왔을 때, 무엇을 하셨나요?

**레비나스** : 저는 브뤼에르가 사무실을 다시 찾았습니다.

여기는 제가 위임받아 오랫동안 있었던 학교입니다. 저는 1946년부터 1961년 대학에 강의하러 가기 전까지 이 학교를 운영했습니다.

**푸아리에** : 이 무렵 프랑스의 지적 무대는 사르트르, 카뮈, 메를로-퐁티 같은 사람들에 의해 점령되어 있었습니다. 그들과의 관계는 어땠습니까?

**레비나스** : 저는 『구토』가 나온 이후, 전쟁 전에 사르트르를 만났습니다. 그를 가브리엘 마르셀의 집에서 보았죠. 저는 전쟁보다 앞선 시기 동안 가브리엘 마르셀이 주최한 모임에 초대받았습니다. 모임은 한 달에 한 번 토요일 저녁에 철학자들을 위해 이루어졌습니다. 그리고 저는 사르트르의 발표에 참여했습니다. 전쟁 중에 발간된 사르트르의 『존재와 무』로 인해 촉발된 모든 철학적 격동에 대한, 미래의 사르트르 독자들이 가브리엘 마르셀의 집에서 이 시기에 형성되었습니다. 저는 전쟁 직후 사르트르의 인기가 만개한 때에 그를 다시 찾았습니다.

**푸아리에** : 그 후로도 사르트르를 만나지 않았습니까?

**레비나스** : 저는 사르트르를 세 번 만났습니다. 그가 죽기 전에 그의 집에 갔었습니다. 그는 제가 팔레스타인 문제와

관련된 「현대」*Temps modernes*지 한 호에 참여하기를 원했습니다. 또한 저는 그가 파리에서 예루살렘 대학 명예박사 학위를 받았을 때도 그를 만났습니다. 저는 심지어 제가 그를 축하하고 있는 매우 행복해 보이는 사진을 가지고 있기도 합니다. 이것은 불규칙한 교류였습니다. 그가 노벨상을 거부했을 때 저는 그에게 편지를 썼습니다. 제가 중요하다고 여기는 이 편지에서, 저는 그에게 당신이 명망 높은 상을 거절했지만 발언권이 있는 유일한 사람이고, 이것은 아마도 말해야만 하는 유일한 순간일 거라고 말했습니다. 이집트의 나세르[7]에게 이스라엘과의 평화를 제안하기 위해 가려면 말이죠. 무모한 생각이죠! 그러나 저는 그에게 "당신은 나세르가 귀를 기울일 만한 유일한 사람입니다"라고 말했습니다. 제가 쓴 편지를 받고 사르트르가 "레비나스가 누구죠?"라고 물었다는 것을 전해 들었습니다. 보부아르에 따르면 영광스러운 순간을 지녔던 『후설 현상학에서의 직관 이론』을 그가 잊었던 것일까요?

시몬 드 보부아르는 『시대의 힘』*la Force de l'âge*에서 제 책이 출판된 후 진열되어 있던 생-미셸Saint-Michel가 피카르Picard 서점에서 젊은 사르트르가 책장을 넘기며 말했던 것을 서술

7 [옮긴이] 가말 압델 나세르Nasser, Gamal Abdel (1918-1970). 이집트의 군인이자 정치가로 쿠데타를 통해 정권을 잡고 이집트 대통령(1956-1970)에 취임한다. 1958년에는 비록 짧은 기간이었지만 시리아와 이집트의 합병국인 아랍연합공화국의 대통령에 취임하기도 했다. 이스라엘과 적대적인 정책을 펼쳤다.

하고 있습니다. "이 모든 것은 내가 말하고 싶었던 것들인데, 이미 후설이 말했군."

**푸아리에** : 그의 작품은요?

**레비나스** : 저는 매우 일찍 그의 작품을 읽었어요. 탈출에 대한 제 텍스트가 출판된 후에, 전쟁이 일어나기 전에 무시무시한 것의 존재론을 표현했던 『구토』를 읽었습니다. 저는 차후에 텍스트에서 『구토』를 인용하기도 했습니다. 저는 매우 부분적으로만 『존재와 무』를 알았습니다. 포로 상태에서 돌아왔을 때 이 책을 읽었습니다. 그렇지만 저는 사르트르에게, 그의 책에 대해 뭐라고 말하는 고약한 자들 마음에는 들지 않겠지만, 그의 명백한 천재성에 대해 또한 그의 활력, 격렬함, 그의 현존, 그의 무모함에 대해 매우 크게 감탄한 사람입니다.
파리의 활기, 혹은 단순하게 깨어 있는 모든 것 이후의 파리 또는 프랑스의 이 특별한 방식은 제게 장엄함입니다. 우리는 더 불리할 것이 없기에 그가 나치 독일 점령하에 희곡을 올렸던 일을 비난합니다. 파리에 독일군이 주둔하는 동안 올렸던 반-독일적 희곡. 그는 그런 소동을 두려워하지 않았습니다. 누군가 최근에 제게 사르트르의 삶에서 금전적으로 부주의했던 상황에 대해, 그가 사람들에게 소비하는 방식, 주는 방법에 대해 말해 주었습니다. 이는 인간의 척도입니다!

**푸아리에** : 후설과 하이데거의 저작과 수업을 자주 접했던 당신에게 사르트르나 카뮈 또는 메를로-퐁티의 철학적 저작에서 발견한 새로움이 있었나요?

**레비나스** : 어떤 새로운 울림이 있었습니다. 또한 사변적인 힘이 있었습니다. 그리고 메를로-퐁티와 사르트르에게서는, 재창조하지 않고서는 아무것도 받아들일 수 없습니다. 이들은 반복해서 말하기에도 너무나 위대한 정신입니다!

**푸아리에** : 당신에게 언제 게재(출판)하고 싶다는 욕구와 필요가 생겼나요?

**레비나스** : 매우 일찍부터요! 저는 스물두 살 때 후설에 대한 제 첫 번째 논문 "에드문트 후설의 이념에 대하여"를 레비-브륄이 편집했던 「철학 연구」*Revue philosophique*에 실었습니다. 저는 항상 보여주기 위해 게재하기보다 소통하려는 사명을 가지고 있었습니다.

**푸아리에** : 작품을 만들기 위해서였습니까?

**레비나스** : 아마도 자기-자신에게는 드러나지 않는 사명이겠죠. 작품, 저는 우리가 작품을 만드는지 알지 못합니다. 매우 중요한 어떤 사상으로부터 작품이 나타나는지도 모

롭니다. 그저 제가 방금 당신에게 말했던 존재의 피로 안에서, 『탈출에 관해서』의 이야기 안에서, 아마도 독특한 어떤 것에 의해 동요된 느낌, 저를 여전히 동요시키는 느낌을 받았던 것 같습니다.

**푸아리에** : 그 당시 지배적이었던 사회적 관심과는 매우 먼 것 같은 당신의 첫 번째 책 『존재에서 존재자로』에 대해 어떤 반응이 있었나요?

**레비나스** : 저의 첫 번째 책은 『후설 현상학에서의 직관 이론』입니다.

**푸아리에** : 그건 당신의 박사 학위 논문입니다!

**레비나스** : 네. 스물네 살에 쓴, 스트라스부르 대학에서 심사를 받은 저의 "박사 학위 논문"입니다. 특히 이 책의 이른 독자 중에 사르트르가 있었다고 당신에게 이미 말했죠. 이 책은 4쇄를 찍었는데 아직도 팔리고 있습니다. 또한, 이 책은 연구소에서 주는 상을 받았습니다. 저는 레옹 브룅슈비크에게 꼭 이 영예를 돌려야 하기 때문에 이 사실을 언급하고자 합니다. 그리고 저의 스승들 가운데서 그와 같은 가장 커다란 정신을 언급하는 일은 제게 매우 중요합니다. 후설에 관한 책에서, 저는 오늘날에는 상상하기 어려운 철학적

분위기에서 그의 현상학에 대해 말해야만 했습니다. 프랑스에서 오늘날 모든 이에게 그토록 익숙해진 사유의 운동이 당시에는 거의 전적으로 알려지지 않았었습니다.

제가 돌아온 때 지배적이었던 그리고 저의 글쓰기의 주제와 부합하지 않았던 사회적 관심사에 대해, 제 생각이 본질적으로 인간적인 것과 일찍이 멀어졌을 수 있다고, 다른 어떤 용어로 사회적인 것 외에 다른 것을 다루었다고 생각하지는 않습니다. 언론의 반응은 어쩔 수 없죠. 그러나 사람들은 이 작은 책 『후설 현상학에서의 직관 이론』에 의해 입증된 저의 현상학적 특성을 항상 기억합니다. 나름대로 호의적인 평가들도 있었지만 그리 중요한 것은 아니었습니다.

『존재에서 존재자로』와 관련해 말하자면, 이 책에서 중요한 것은 존재의 익명성 안에서 존재를 서술하기입니다. 블랑쇼의 주제와 매우 가까운 서술이죠. 한 곳으로의 수렴convergence, 대응parallélisme. 제가 "il y a"라고 말하는 것. '내'가 기획하고, 운동하고, 휴식하고, 무엇을 하든 거기에 **존재가 있습니다**.

"Il y a", 이것은 익명적입니다. "비가 오다"와 같은 것이 "Il y a"죠. 단지 존재하는 어떤 것이 있는 게 아닙니다. 그러나 이 어떤 것 위에 또는 이 어떤 것을 통해 "il y a"가 있습니다. 존재의 익명적인 과정이 있습니다. 존재의 담지자 없이, 주체 없이, 마치 불면같이, 이것은 존재하기를 중단하지 않습니다—**il y a**.

**푸아리에** : "il y a." 이 개념이 하이데거의 'es gibt'와 연관될 수 있습니까?

**레비나스** : 아닙니다. 이것은 하이데거의 'es gibt'가 아닙니다. 하이데거의 'es gibt', 이것은 이타성générosité입니다. 이것은 최근 하이데거의 큰 주제입니다. 존재는 익명적으로 주어집니다. 그러나 풍부함으로써, 확산된 선함처럼 주어집니다. 반대로, il y a는 존재의 무관심 속에서 견딜 수 없는 것이고, 불안이 아닌 끊임-없음의 공포, 의미가 없는 무료함의 공포입니다. 끔찍한 불면입니다. 어렸을 때, 당신을 어른의 삶에서 떼어 놓고 당신을 좀 더 일찍 잠재우는 것이 침묵 속에 고립되는 것처럼, 그리고 당신이 침묵의 단조로움 속에서 부조리한 시간을 듣는 것이 마치 커튼이 움직이지 않는데 살랑살랑 소리를 내는 것처럼 경험됩니다.『존재에서 존재자로』에서 저는 익명의 "무-의미"에서 빠져나가는 경험을 찾으려고 노력했습니다.
자기-자신 안에 놓인 **어떤 것**으로부터, 제가『존재에서 존재자로』에서 말하는 자기정립hypostase[8]이 있습니다. 존재자들에 의해 존재의 익명성 il y a로부터 떠나기sortir. 존재를 지니고 지배하는 주체에 의해 주체의 존재로부터 떠나기

8 [옮긴이] hypostase는 본래 '본질, '실체'라는 의미다. 강영안이 옮긴『시간과 타자』에서는 '홀로서기'로 서동욱이 옮긴『존재에서 존재자로』에서는 '자기정립'으로 번역하고 있다. 이 대화에서는『존재에서 존재자로』를 언급하고 있으므로 서동욱이 사용한 역어 '자기정립'을 따를 것이다.

가 그것입니다. 우선 『존재에서 존재자로』에서는 il y a가 피로, 무기력의 현상학에서 유래함을 밝힙니다. 그 다음 존재자étant, 자기 정립에 대한 연구가 있습니다. 그리고 책 말미에는 존재의 진정한 담지자가 il y a의 무-의미에 의미를 도입하는 "타자를 위함"에 있다는, il y a로부터 진정한 떠남은 의무에 있다는 본질적인 생각을 담았습니다. 타인에게 종속된 자아! 윤리적 사건 안에서 탁월한 주체인 어떤 이가 나타납니다. 이것이 제가 이후에 말할 모든 것의 핵심입니다. 책의 처음 절반은 주체를 중심으로 배회하지만 끝부분에서 타인이 나타납니다. 자아, '나'는 항상 '나'에 대해 몰두하는 '나', 존재 안에 지속하려는 것으로 유명한 존재입니다. 먹기, 먹기를 즐거워하기, 그 자체로 즐거워하기. 이것은 저열한 것입니다. 그러나 타자의 배고픔, 이것은 성스러운 것입니다. '나'는 자아에 대해 불공정한가요? 사람들은 제가 마치 마조히스트masochiste처럼 논한다고 말합니다. 우리는 마조히즘 안에 있지만 이미 조금 윤리 안으로 들어왔습니다.

이 주제가 이미 『존재에서 존재자로』에서 표명됩니다. 당신이 옳습니다. 이것이 제 첫 번째 책입니다. 『탈출에 관해서』를 다른 형태로 재연再演한 것이죠. 익명적 존재의 공포, 이 익명성의 강박, 이 끊임없음의 강박. 다소 무無와 같습니다. (이것은 왜 조용히 있지 않는가?) 그리고 이미 근본적인 차이가 드러납니다. 제가 나중에 '나'와 타자 사이의 근본적인 비대칭이라고 부르게 되는 차이가 드러나게 되죠.

**푸아리에** : 당신은 『존재에서 존재자로』에 "불안의 물음이 없는 곳"이라는 책띠를 두르기를 요청했습니다. 이것은 아이러니인가요?"

**레비나스** : 제 책에서, 이것은 무거운 존재입니다.

**푸아리에** : 이것은 무無의 불안 아닙니까?

**레비나스** : 이것은 무의 불안이 아닙니다. 이것은 존재의 il y a의 공포입니다. 이것은 죽음의 두려움이 아닙니다. 이것은 자기-자신이 "초과"de trop한다는 것입니다. 실제로, 우리는 하이데거로부터 심지어 키르케고르로부터 존재하지-않음의 감정으로써의, 무 앞의 불안으로써의 불안을 분석합니다. il y a의 공포는 자기혐오, 권태와 가까운데도 말이죠.

**푸아리에** : 자기로부터 떠나는 것이 중요할 것입니다. 그러나 어떻게 자기로부터 떠납니까?

**레비나스** : 자, 이제 우리는 근본적인 주제에 접근합니다. 자기로부터 떠나기, 이것은 자기 자신의 죽음에 관심을 두기 전에 타자, 타자의 고통, 타자의 죽음에 관심을 두는 것입니다. 저는 이것이 기꺼이 이루어질 수 있다거나 아무것도 아니라고 말하려는 게 아닙니다. 특히 존재의 공포 또는

권태에 대한 혹은 존재의 노력에 대한 치료라고, 자기로부터 관심을 돌리는 방식이라고 말하려는 게 아닙니다.
저는 이것이 우리 인간성 심층의 발견, 타인과의 만남 속에서의 선의 발견 자체라고 생각합니다. 저는 "선"이라는 단어를 두려워하지 않습니다. 타자를 위한 책임이 선입니다. 이것은 유쾌하지는 않습니다만 좋은 것입니다.

**푸아리에** : 당신은 동일자와 타자의 관계, 특히 '나'와 타인의 관계가 언어라고 씁니다.

**레비나스** : 언어가 오로지 생각 또는 정보의 소통으로만 사유되어야 하고, 타인으로서 타인에게 다가가는, 즉 이미 타인에 대해 응답하는 사실로 사유되어서는 안 되는 걸까요? 첫 말은 **안녕하세요** 아닙니까! 안녕하세요처럼 간결한! … 축복으로서 그리고 다른 사람을 위한 나의 쓰임을 허락함disponibilité으로서 안녕하세요? 말이죠.
참 좋은 날입니다. 이 말에는 아직 의미가 없습니다. 그러나 이 말은 제가 당신에게 평화를 바란다고, 좋은 하루를 보내기를 바란다고 표현합니다. 타인에 대해 관심을 갖는 자의 표현. 이것은 의사소통의 나머지 모든 것, 모든 담화를 나타냅니다.

**푸아리에** : 철학을 연구하기 시작했던 시기에 어떤 기획이

당신을 고무시켰습니까? 당신의 작품은 당신이 하고자 했던 것에 부합합니까?

**레비나스** : 저는 방금 당신에게 말했던 존재에 관한 유보réserve에서 시작했습니다. 이러한 유보는 항상 극적인 사유의 형태도 아니고, 결코 매우 본래적인 것도 아닙니다. 일상적인 것이 중대하다는 점 자체로부터 사라지는 순간들의 단조로움으로써의 일상적인 것을 이해하기 시작합니다. 정치적 상황, 전쟁이 임박한 상황과 히틀러주의의 승리가 준 불안을 통하여 무-의미와 권태 속 존재가 되풀이되었습니다.

il y a 안에서, 우리는 체험한 사건의 모든 중대함, 모든 진지함을 발견합니다. 이것은 탈출에 대한 작은 텍스트 안에서 그리고 il y a의 출현 안에서 표출되는 감정입니다. 그래서 이것이 타인, 타인의 욕구, 타인의 현전과 삶에 관계할 때, 이 모든 사적인 문제들에 대한 어리석음의 의식이 있다는 것입니다. 저는 이것이 제가 가졌던 최초 기획이었는지 혹은 최종 기획이었는지 알지 못합니다. 저는 그것에 대해 아무것도 모릅니다. 저는 당신에게 그것을 말할 수 없습니다. 저는 그것을 잘 쓰인 감동적인 전기biographie라고 생각하지 않습니다. 하지만 결국 진정한, 명백한 가치, 생각하는 것이 어리석지 않다는 견해, 이것이 성스러움sainteté의 가치입니다. 이것은 박탈privation과는 전혀 관계가 없습니다. 이것은 타자에게 첫 번째 자리를 양보해야만 한다는 확실성 안에 있습니다. 거의 가능하지 않을 것임에도 성스러움이 요구하는, 열린 문 앞에서 타자를 위해 죽는다는 태도disposition이기까지, "당신 먼저"라는 말로부터.
이 성스러움의 태도 안에서 사물들의 표준적인 질서, 사물들의 본성, 사물들과 생명체의 존재론의 존재 속 지속이 전복됩니다. 이것은 인간성에 의해 존재 저편, 신이 내게 관념에 이르는 순간입니다. 저는 제 책 『관념에 오는 신에 대해』 *De Dieu qui vient à l'idée*에서 이에 대해 말합니다. 당신이 원한다면, 신이 관념에 이르는 상황은 기적도, 창조의 신비를 이해하는 관심도 아닙니다. 이것, 창조의 이념이 첫 번째일까요? 신적인 것의 충격, 내재적 질서, 내가 포괄할 수 있는 질서, 나의 것이 될 수 있는 질서의 파열, 이것은 타인의 얼굴입니다.

**푸아리에** : 당신은 타인의 얼굴과의 관계가 곧장 윤리적이라고 말합니다. 이 말은 무슨 뜻입니까?

**레비나스** : 윤리는 당신에게 낯설고 무관심한 타인, 당신의 이익의 질서에도, 당신의 감정의 질서에도 속하지 않는 타인이 그럼에도 당신과 관련되는 운동입니다. 그의 타자성이 당신과 관련됩니다. 앎에 의해 부여된 대상에 대한 인식과는 다른 질서의 관계, 존재들과의 관계의 유일한 양상으

로 간주되는 것이죠. 순수한 인식의 대상으로 환원됨 없이 우리가 자아를 위해 존재할 수 있습니까? 윤리적 관계 안에 놓인, 다른 사람은 다르게 머물러 있습니다. 이것은 명백히 타자의 낯섦étrangeté입니다. 만일 우리가 타자의 "낯섦"을 말할 수 있다면, 윤리적으로 당신을 타자와 결부시키는 것은 타자의 낯섦입니다. 이것은 진부한 생각이지만 놀랄 만한 것입니다. 초월의 이념은 아마도 여기에서 일어날 것입니다.

**푸아리에** : 그리고 얼굴은⋯.

**레비나스** : 얼굴, 이것은 보여지는 것이 아닙니다. 이것은 대상이 아닙니다. 이것은 나타남이며 호소 또는 당신의 책임에 주어진 명령인 외재성을 보존하는 것입니다. 얼굴을 만나는 것, 이것은 곧장 요구와 명령을 이해하는 것입니다. 저는 시각의 저편으로 혹은 얼굴의 이미지로, 오인된 특성들로 얼굴을 명확히 정의합니다. 우리는 한 번 더 말할 수 있습니다. 얼굴, 주어진 외모 이면의 얼굴은 죽음을 향한 존재의 노출이며 방어할 수 없음, 벌거벗음이나 타인의 빈곤과 같습니다. 이는 타인을 떠맡고, 타인을 홀로 두지 말라는 명령입니다. 당신은 신의 말씀을 듣습니다. 만약 당신이 얼굴을 사진사의 대상처럼 생각한다면, 당신은 다른 대상처럼 하나의 대상을 상대하는 것입니다. 그러나 만약 당신이

얼굴을 만난다면, 책임은 타인의 낯섦 속에 그리고 타인의 빈곤 속에 있는 것입니다. 얼굴은 당신의 자비와 당신의 의무에서 나타납니다. '나'는 물론 얼굴을 하나하나 뜯어보면서dévisager 쳐다볼 수 있습니다. 마치 어떤 조형적 형태로, 얼굴의 벌거벗음과 낯섦이 '내'게 부과하는 책임의 이 의미화를 빼고 생각하면서 말이죠.

**푸아리에** : 이것은 얼굴을 하나하나 뜯어보는 것보다는 타자를 마주 대하게 하는en-visager 것과 관련된 것인가요?

**레비나스** : 네. 마주 대하기… 우리가 얼굴을 하나하나 뜯어보면서 종종 마주 대함에도 불구하고. 우리는 눈의 색깔과 코의 형태 등을 하나의 이미지로써 당신을 쳐다보며 인식합니다. 하지만 제가 당신에게 "안녕하세요"라고 말할 때, 저는 당신을 인식하기도 전에 이미 당신을 축복한 것입니다. 저는 당신의 생애에 관심을 두고, 단순한 앎을 넘어 당신의 인생 안으로 들어갑니다.

**푸아리에** : 따라서, 이것은 우선 윤리입니까?

**레비나스** : 윤리ethique라는 단어는 그리스어에서 왔습니다. 저는 훨씬 더, 특히 지금, 성스러움, 타인의 얼굴의 성스러움 또는 그 자체로 '나'의 의무의 성스러움에 대해 생각합

니다. 얼굴 안에 성스러움이 있습니다. 특히 얼굴로서 얼굴에 접근하는 행동 안에 자기-자신을 향한 성스러움과 윤리가 있습니다. 모든 의무 이전에 타인에 대한 의무가 강제되는, 그러한 성스러움과 윤리가 있습니다. 타인을 존중하기, 이것은 타인을 고려하는 것이며, 자기보다 먼저 타인을 지나가게 하는 것입니다. 그리고 공손함! '나'보다 먼저 타인을 지나가게 하는 것, 이것은 매우 훌륭한 일입니다. 이 공손함의 작은 도약은 얼굴로의 접근이기도 합니다. 당신이 왜 '나'보다 먼저 지나가야 할까요? 이것은 매우 어려운 일이죠. 왜냐하면 당신 또한 '나'의 얼굴에 접근하기 때문입니다. 그렇지만 공손함 혹은 윤리는 이러한 상호성을 사유하지 않는 데 있습니다.

**푸아리에** : 당신 작품에서 타자성은 종종 나오는 주제입니다.

**레비나스** : 네! '나'와 닮은 타자가 그의 특성 안에서 다른 속성을 갖는 사실만으로 요약되지 않는 타자성 말이죠. 평소에 우리는 사물이 다르다고 말합니다. 왜냐하면 사물은 각기 다른 특성들을 가지기 때문입니다. 하얀 종이가 있습니다. 그 옆에 검은 종이가 있습니다. 이것이 타자성입니까? 그것들은 하나는 공간의 한 측면에 다른 하나는 공간의 다른 측면에 있다는 사실로 보더라도 또한 다른 것들이죠. 이런 것이 당신과 나를 구별짓는 타자성은 아닙니다. 당신의

머리카락이 내 머리카락과 같지 않기 때문에, 당신이 나와 다른 장소를 점유하기 때문에 구별되는 것이 결코 아닙니다. 이러한 것들은 특성의 차이 또는 공간 속 배치의 차이, 속성의 차이일 뿐입니다. 그러나 모든 속성을 따지기 이전에, 당신은 다른 방법으로 다른, 절대적으로 다른, 나와는 다른 타자입니다! 이것이 당신의 타자성이 속성들에 기인하는 타자성과는 다른 이유이죠. 타자성은 논리적으로 정당화할 수 없고 식별할 수 없습니다. 자아의 동일성은 어떤 앎의 결과가 아닙니다. '나'는 어떤 모색도 없이 자아에 처합니다. 당신은 당신과 '나'입니다. '나'는 '나'입니다. 이것은 우리가 우리 신체 또는 우리 머리카락의 색깔 또는 우리가 공간 속에 차지한 장소에 의해 상이하다는 사실로 환원되지 않습니다. 당신은 우리가 'a는 a이다'라는, 이 분명한 동일성에 대해 정말로 놀라지 않는다는 것을 알지 않습니까?

**푸아리에** : 어떻게 타자에 접근합니까?

**레비나스** : 접근하기, 이것은 무엇을 의미할까요? 당신은 곧바로 타인에게 초연하지 않습니다. 단박에 혼자인 게 아닙니다! 비록 당신이 무관심한 태도를 보일지언정, 당신은 이미 무관심한 태도를 취할 수밖에 없었습니다! 타자는 당신에게 중요합니다. 당신은 타자가 당신에게 호소하는 만큼 타자에게 응답해야 합니다. 타자는 당신과 관련됩니다!

**푸아리에** : 타자를 향해 어떻게 가나요? 나를 타자를 향해 이르게 하는 사랑 때문일까요?

**레비나스** : 이 단어에 사랑이 불러일으키는 모든 문학적 지식을 끌어들이지 않겠습니다! 만일 당신이 아마도 감정적 연루인 무관심하지-않음non-indifférence의 표현을 계승한다면, 이것은 사랑의 의도가 예측되는, 제가 말했던 것과 관련된 존재 속 책임입니다. 이 모든 것이 사랑 안에서 피어오릅니다. 책임은 타자성의 의식 안에서 중대한 어떤 것을 명확하게 합니다. 사랑은 더 멀리 나아갑니다. 사랑은 유일한 것l'unique과의 관계입니다. 이것은 '내'게 사랑받는 타자가 세계에서 유일하다는 사랑의 원리에 속합니다. 이것은 사랑하는 사람으로서 타자가 유일하다는 환상을 갖기 때문이 결코 아닙니다. 이것은 사랑하는 유일자로서 누군가를 생각할 가능성이 있기 때문입니다.

**푸아리에** : 그러나 각각의 타자는 유일합니다. 그리고 우리는 모든 사람을 사랑하지 않습니다.

**레비나스** : 이것이 바로 제가 윤리적 질서 또는 성스러움의 질서 또는 자비miséricorde의 질서 또는 사랑, 자선charité의 질서라고 부르는 것으로부터 나오는 것입니다. 다른 이는 인간의 다수성 안에서 자기로 돌아오는 장소와는 관계없이,

심지어 개인들이 인간 유genre에 속한다는 사실 저편에서 '나'와 관련되었습니다. 이웃으로서, 첫 번째 오는 자로서의 나와 관련하면서 말입니다. 그는 유일자였습니다. 그의 얼굴에서, 얼굴이 보여주는 외양에도 불구하고 '나'는 '내'게 보내진 호소를, 그를 내버려두지 말라는 신의 명령을 읽습니다. 무상gratuité 속 인간-사이의inter-humain 관계 또는 타자를-위한 존재의 성스러움!

**푸아리에** : 당신에게 다시 질문 드리겠습니다. 우리는 모든 사람을 사랑하지 않습니다. 우리는 편애하고, 판단합니다….

**레비나스** : "모든 사람"이 뚜렷해지자마자 모든 것이 실제로 수정됩니다. 타자는 거기에서 유일하지 않습니다. 이 성스러움의 가치, 이 자비의 상승은 모든 이들의 동시성 안에서 타자들과의 관계를 배제하거나 무시할 수 없습니다. 여기에는 선택의 문제가 있습니다. '나'의 탈-존재사건dés-intéressement 안에서 특별한 **타자**인 사람을 발견해서는 안 되나요? 여기에는 비율의 문제가 있습니다. 판단의 요청. 그때부터 "유일한 것들" 사이의 비교 요청과 공통된 유로의 회귀가 있습니다. 최초의 폭력. 이것은 유일성에 대한 이의제기입니다. 그렇지만 세 번째, 네 번째, 다섯 번째 사람, 모두 나에게 "타자들"인 그들이 등장함으로 인해 논란거리가

되는, 최초의 타자를-위함으로 이끌린 폭력이기도 합니다. 분배, 명백히 정당화된 분배의 필연성. 아마도 객관성의 관념idéal과 사회적 질서(무질서도 포함하여)의 시초 자체, 제도와 국가의 시초, 정의justice의 체제에 필수적인 권한의 시초이기도 하죠. 그러나 바로 그 때문에 최초의 자선을 제한하는 것에서 비롯된 정의가 생겨납니다. 체제로서 확립된 모든 정의 뒷편에서 보다 정의로운 정의를 예견하는, 또한 정의의 존중 옆과 뒤에 개인에게 그리고 각자의 자비와 자선의 가능성에 자리를 남겨 두는 자유 국가에서의 이 내적 모순의 해법인 정의. 자유 국가에서 정의는 결정적이라고 자처하지 않습니다. 우리는 훨씬 더 좋은 정의가 필요할 사회에 살고 있습니다. 저는 당신이 **진리에 따라** 판단하고 판단된 자를 **사랑으로** 대우하는 다소 복잡한 이 체제를 받아들일지 모르겠습니다. 사형제도의 폐지는 정의와 자비가 공존한다고 하는 데에서 제게는 본질적인 것 같습니다. 정의와 정의의 열림이라는 이 발전된 생각은 지혜를 진전시키는 일 자체를 위해서도 중요합니다. 자선의 사회와 베푸는 제도를 올곧게 추구하기. 이것은 스탈린주의의 위험을 무릅씁니다. 저는 당신이 제가 말하고자 하는 것을 이해할지 모르겠습니다.

**푸아리에** : 네. 규율된, 의무적인, 모든 이를 위한 선함일까요….

**레비나스** : 이것은 우리가 자선, 자선에 필요한 고안물invention을 필요로 하지 않을 수도 있다고 생각하는 것이고, 매번 자비와 사랑의 개인적인 행위로만 일으킬 수 있는 것을 영구히 법으로 만들겠다는 것입니다. 스탈린주의는 훌륭한 의도에서 시작합니다. 그러나 행정에 치우쳤죠. 아, 행정이라는 폭력! '나'에게 타인이 인정받는 것은 중요합니다. 그러나 다수의 유일한 자들이 있기 때문에, 고유한 자가 사라지도록 계산하고, 비교하는 일이 필요합니다. '나'는 한번 판단된 것을 유일자로 다시 보아야 합니다. 매번 새롭게, 유일성 자체로, 일반적인 고려 사항으로는 찾을 수 없는 것을 찾을 수 있는 살아 있는 개인, 유일한 개인으로서 말입니다.

**푸아리에** : 인권운동에 대해서는 어떻게 생각하십니까?

**레비나스** : 인권에 대한 운동은 제가 정의는 아직 충분히 정의롭지 않은 의식이라고 말한 것에서 발생합니다. 이것은 정의와 자선 사이의 거리를 끊임없이 좁히려 애쓰는 자유사회에서 인권과 인권의 관심에 대해 생각하면서 생겨납니다. 끊임없이 새로운 가치가 부여되는 운동, 그렇지만 일반적인 해법과 서식formule의 질서를 결코 버릴 수 없는 운동. 운동은 연민, 개별성의 배려만이 줄 수 있는 것을 절대 보충하지 못합니다. 이것은 정의와 법 너머, 서로 신뢰하는 시민들이 항상 정의로운 채로 있는 그들의 단수성 안에서

개인들에게 호소로 남아 있습니다. 타인의 얼굴을 바라보는 금지와 의무에 대해 우리가 말했던 것을 떠올려 보십시오. 정의는 자비에 의해 일깨워지지만, 정의 이전의 자비는 또한 정의 이후이기도 합니다. 자, 제가 설교하는 것처럼 보이네요. 지금 살짝 웃어야 합니다.

**푸아리에** : 구체적으로 타인을 위한 책임을 어떻게 번역할까요?

**레비나스** : '나'에게 타인은 그의 물질적 불행 때문에 중요합니다. 그것은 경우에 따라서 음식을 먹이고 옷을 입히는 것과 관련 있습니다. 이것은 정확히 성서의 주제입니다. 배고픈 자를 먹이고, 벌거벗은 자를 입히고, 목마른 자에게 물을 주고, 집이 없는 자에게 안식처를 제공하는 것. 인간의 물질적 측면, 물질적 삶은 '나'와 타인에게 중요하고, '내'게서 타인의 고결한 의미를 받아들이게 하고, '나'의 "성스러움"에 관계합니다. 떠올려 보세요, 저는 종종 마태복음 25장을 인용합니다. 이 대화입니다. "너희는 나를 내쫓았고, 나를 기소했다.—우리가 당신을 언제 내쫓았고, 언제 기소했습니까?—너희가 가난한 자에게 먹을 것을 주기를 거부했을 때, 가난한 자를 내쫓았을 때, 너희가 그에 관해서 무관심했을 때!" 마치 타인에 대해서 '내'가 먹고 마시는 것에서부터 책임을 져야 했었던 것처럼, 마치 '내'가 쫓아냈던

타인이 쫓아낸 신과 마찬가지인 것처럼, 이 성스러움은 아마도 사회적 문제의 성스러움일 것입니다. 먹고 마시는 모든 문제는 타인과 관련하는 한에서 신성하게 됩니다. 중요한 것은 유죄 발의initiative 개념에 앞서는 책임의 개념입니다. 분명한 유죄성! 내가 타인을 알기조차 전에, 절대 일어나지 않았던 과거 안에서 타인과 관계가 있었던 것처럼 말입니다. 매우 중요한, 유죄성 없는 이 책임. 마치 타인이 '내'게 항상 중요한 사람이었던 것처럼, 마치 타인의 낯선 조건이 '나'와 명백히 관계가 있었던 것처럼 말입니다. '나'는 윤리적으로 타인이 '나'와 관련되지 않는다고 말할 수 없습니다. 제도와 정의는 물론 부단한 책임을 경감시켜 줍니다. 그러나 정치적 질서, 좋은 정치적 질서에 대해 우리는 여전히 책임이 있습니다. 만일 우리가 이것을 끝까지 생각한다면, '나'는 타인의 죽음에 대해 책임이 있다고 말할 수 있습니다. '나'는 타인의 죽음에 그를 홀로 내버려둘 수 없습니다. 비록 '내'가 그의 죽음을 막을 수 없을지라도 말입니다. 저는 이것을 항상 "너는 결코 죽이지 않을 것이다"라는 말로 설명했습니다. "너는 결코 죽이지 않을 것이다"는 단지 이웃의 가슴에 칼을 찔러넣는 것을 금지하는 것만을 의미하지 않습니다. 그래도 조금은 맞는 말이기도 합니다만, 많은 존재 방식들이 타인을 굴복시키는 방법을 허용합니다.

저는 확실히 지나치게 성서를 인용하는 편입니다. 파스칼의 경탄할 만한 표현을 인용해 보죠. "태양 아래 내 자리, 모자격이 있다고 생각하지도 않습니다. 그러나 제 삶의 일부였음을 부인할 수는 없겠지요. 또한, 오늘날 여전히 하이데거의 텍스트를 읽을 때마다 특히, 『존재와 시간』을 다시 읽을 때마다 느끼는 놀라움을 부인할 수 없습니다. 당신에게 말했던 분석의 힘에 의해 저는 사로잡혔습니다.

**푸아리에** : 전쟁 이전 몇 해 동안 당신이 밟았던 여정은 무엇입니까?

**레비나스** : 학위 논문 이후, 저는 프랑스 국적을 신청했고 그것을 얻었습니다. 저는 결혼을 했고 파리에서 군생활을 했습니다(역사적인 시간처럼 느껴진, 외국인연대La Tour d'Aubergne[4] 중 46 보병연대에서). 그리고 세계이스라엘연맹 교육사업부에 들어갔습니다. 이 기관에 대해서 두 가지를 말씀드려야만 합니다. 세계이스라엘연맹은 아직 시민권을 갖지 못한 나라들에 거주하는 유대인들의 해방을 위해 애쓰고자 하는 관심에서 1860년 설립되었습니다. 국제적인 사명을 가진 첫 번째 유대교 기관은 프랑스의 인권 사상에 의한 사유로부터 창설되었죠. 이러한 영감 안에는 어떠한 시온주의적 느낌도 없었습니다. 연맹은 유대인들이 시민으로 인정받지 못하면서 거주하는 국가에서 유대인들을 해방시키는 것과 관련되어 있었습니다. 활동은 곧장 비유럽 국가들

4 [옮긴이] 이 명칭은 나폴레옹 시대에 용병으로 이루어진 연대를 가리킨다.

을 향해, 지중해 연안의 지역들을 향해, 북아프리카를 향해, 이후로 시리아, 이라크, 이란이 된 터키, 유럽, 아시아의 지방을 향해 나아갔습니다. 매우 빨리 이 활동은 교육 사업이 되었습니다. 최초 단계의 프랑스 학교 설립은 특히 19세기의 이상주의자들에게, 1848년 혁명의 동시대인들에게 보편 문화로의 인간 정신의 고양을 의미했고, 1789년[5]의 영광스러운 이념들을 표명하는 것을 의미했습니다. 이 학교들은 특별한 발전을 이루었습니다. 제가 당신에게 말했던 다소 "오래된 역사"가 여기에 있습니다. 그러나 연맹의 프랑스 학교 내內 지중해 연안 출신 모든 유대인 학생들, 때로 그들의 고유한 전통을 희생시켜 후에 새로운 통합 안에서 재회한 학생들은 곧 프랑스어를 통해서 그리고 프랑스 이념을 통해서 프랑스를 자신들의 조국이라고 생각하고 존중했습니다. 이 교육 사업은 물론 전쟁 후에 재정립되었습니다.

**푸아리에** : 이 교육 사업 중에서 당신은 어떤 역할을 맡았나요?

**레비나스** : 전쟁 이전, 지역적 민족주의에 앞선 마지막 몇 년 동안이었는데요. 매우 늦은 시기였습니다. 저는 여기 파리에서 이 학교들에 전념했습니다. 행정, 교수법 그리고 의식의 문제와 결부된 상당한 조화를 이루었습니다.

---

5 [옮긴이] 프랑스 혁명이 일어난 해.

거의 백년 전부터 멀리 떨어진 학교들을 위해 선생을 양성했던 파리의 동방사범학교 책임직에 제가 임명되었고, 그 직무는 전쟁 후에도 계속되었습니다. 저는 1939년 군대에 동원되었습니다. 브뤼에르가 45번지 연맹 본부가 있는 사무실을 떠났죠. 포로 상태에서 풀려나 돌아와서는 오퇴이 Auteuil[6]에 있는 이스라엘동방사범학교를 운영하기 위해 다시 책임직에 올랐습니다.

**푸아리에** : 지적知的으로는 어땠습니까?

**레비나스** : 저는 전쟁 전 몇 해 동안 특별히 어떠한 유대적 주제도 갖진 않았지만 유대적인 것이 인간적인 것을 드러내거나 시사하는 것에서 발생한 철학적 텍스트를 작성했습니다.
텍스트 가운데 하나인 『탈출에 관해서』는 얼마 전(1980년) 재판이 나왔습니다. 저보다 어린 친구인 자크 롤랑이 서문과 주석을 썼고, 100쪽 분량의 책이 되었습니다. 1935년에 썼던 본래 텍스트에서 우리는 다가오는 전쟁의 불안, 그리고 전적인 "존재의 피로", 이 시기를 살아가던 영혼의 상태를 파악할 수 있습니다. 어떤 다른 형태 아래에서, 제가 이날 이후 하려고 한 것들에서 계속되었던 존재에 대한 불신, 전체적으로 곳곳에서 임박한 히틀러주의가 예감되었던 시

6 [옮긴이] 파리 16구의 한 구역 명칭.

대의 불신이 있었죠. 끊임없이 감지된 히틀러주의와 모든 망각을 용인하지 않는 히틀러주의 사이에서 제 삶이 순탄했을까요?
제 사유에서, 모든 것이 유대교의 운명과 연관되지는 않습니다. 그러나 연맹에서 한 제 활동은 도처에서 관련되는 사회적이고 정치적인 구체적 문제들로 끊임없이 환원되는, 유대인이 당한 시련의 영향 아래 있었습니다. 유럽에서, 연맹의 지중해 연안 학교들을 넘어 특히 폴란드에서는, 적대적인 독일과의 가까움이 1933년 이래로 겨우 진정된 반유대주의의 본능을 일깨웠습니다. 정신적인 반향에 구체적인 문제들. 늘 엄청난 사실들. 수수께끼 같은, 학파의 해석에 어울리지 않는 훌륭한 옛 텍스트로 돌아가는 사유! 여기에 더해 행정에 대한 관심 그리고 숙고와 자각, 즉 성서로 초대하는 교육법에 대한 관심이 있었습니다. 적어도, 이것은 제가 텍스트와 가까워질 무렵 항상 느꼈던 것입니다.
자크 롤랑의 호의적인 논평을 수록한 작은 책『탈출에 관해서』에서는 유대인의 조건을 넘어선 인간성을 분명히 했습니다signifier.

**푸아리에** : 역사는, 당시 당신을 많이 억압했습니까?

**레비나스** : 네. 역사는 역사학이 아닌 역사적 사건들이었습니다. 그러나 당신도 아시다시피 라이프니츠, 칸트, 괴테,

헤겔의 독일에서 일어난, 그토록 근본적인 독일의 깊은 곳에서 일어난 유럽의 히틀러 시기의 부단한 이 일종의 절망, 이것을 알리는 것은 매우 어려운 일입니다.

**푸아리에** : 그리고 니체에 대해서는요.

**레비나스** : 니체 자신은 절망했었습니다. 저는 항상 니체가 썼던 것을 모든 가치들이 손상될 시대의 예감에 결부시킵니다. 니체는 수십 년 후에 혼란스럽게 될, 뒤섞이고 모순될 가치들을 고발합니다.
그리고 오늘날 여전히 저는 아우슈비츠가 선험적 관념론의 문화에 의해 저질러졌다고 생각합니다. 히틀러, 그-자신은 니체 안에서 발견될 것입니다.

**푸아리에** : 2차 세계대전 동안 당신은 무엇을 했습니까?

**레비나스** : 저는 전쟁이 시작되고 얼마 되지 않아 포로가 되었습니다. 저는 1939년이 되기 몇 해 전 군 통역병 시험에 통과했었고 러시아어, 독일어 통역병으로 징집되었습니다. 후퇴하던 제10보병연대와 함께 렌느Rennes에서 포로가 되었습니다. 프랑스에서 몇 달간 구금된 후, 저는 독일로 이송되었습니다. 저는 곧장 특별한 조건에 제한되었습니다. 저는 유대인으로 선고받았지만 수용된 사람들의 운명에 따

른 유니폼으로 구분해 보면 사면된 유대인이었고, 특별한 작업반에서 다른 유대인들과 함께 재편성된 유대인이었습니다. 숲속에서 다른 모든 프랑스인들과는 분리되어 일을 했습니다. 그러나 포로를 보호하는 제네바 협약의 혜택을 분명 받았습니다.

**푸아리에** : 당신의 구금 생활은 어떠했습니까?

**레비나스** : 우리를 독일로 이송시켰을 때, 하노버 근처 포로 수용소에다가 도착한 사람들을 분산시켰습니다. 한편에는 유대인, 다른 편에는 비유대인과 특별한 작업반을 위한 유대인으로요. 이 시기 동안 행한 활동 하나하나로 우리 안의 존엄 의식을 되살려 주었던 수용소에서 가장 신망이 두터웠던 한 사람의 친절한 인간성을 저는 매우 높게 평가합니다. 이것은 그리스도교와 관련한 저의 매우 중요한 경험 중 하나입니다. 그는 아베 피에르라고 불렸습니다. 저는 그의 성姓을 몰랐습니다. 프랑스의 자선 사업 연대기에는 아베 피에르와 관련된 수많은 인용이 있습니다. 저는 항상 우리를 도와주었던, 격려했던 그분에 대해 생각합니다. 마치 나쁜 꿈이 사라진 것처럼, 언어 그 자체가 잃어버린 발음법을 다시 찾아낸 것처럼, 그리고 타락 이전의 고귀함으로 돌아간 것처럼 말입니다. 나중에 우리는 유대인 작업반에서 일어난 모든 문제에 대해 아베 피에르에게 다시 이야기하고

자 수용소로 돌아오고 싶었습니다.
일반적으로, 저는 그리스도교의 자비가 히틀러의 박해 동안에만 우리 사이에서 많이 나타났다고 생각합니다. 경험의 역설이죠. 저는 늘 아우슈비츠의 사형 집행인들, 기독교도들 또는 가톨릭교도들이었던 그들 모두가 아마 교리문답을 했을 것이라고 생각했습니다. 그렇지만 우리를 맞이했고, 도와주었고, 종종 훌륭하게 구해 내기도 했던 일반 시민들, 즉 순수한 신도들 그리고 계층의 구성원들에 대해 우리가 경험했던 것은 절대 잊을 수 없습니다. 그리고 저는 많은 계략과 위험이 있음에도 불구하고 오를레앙 근처 생-뱅상-드-폴Saint-Vincent-de-Paul 수도원으로 제 아내와 딸을 구조하는 일을 도왔던 사람rôle을 지금까지도 계속해서 잊지 않고 있습니다. 우리는 포로수용소에서 헌신한 군목 신분들에게도 감탄했습니다. 비록 그들이 포로수용소의 규정이었던 인종차별을 폐지하는 데까지는 이르지 못했을지라도 말입니다.
저는 유대인 작업반에 있었습니다. 이때는 고통의 시기는 아니었습니다. 우리는 숲에 일하러 갔었고 그곳에서 하루를 보냈습니다. 모든 프랑스 포로들처럼 물질적으로는 소포에 의해, 도덕적으로는 편지에 의해 지원을 받았습니다. 독서를 위해 여가를 얻어 낸 생활도 있었죠. 사회적 환경과 매우 다른 문화적 환경 사이에서도 형제애를 바탕으로 교제하기도 했습니다. 어디에서 보냈는지는 모르겠지만 책도 도착했습니다. 육체노동자들은 아나톨 프랑스와 프루스트를 읽었습니다.
작업장에서 독서에 대해 말하고 교양을 쌓는 모습은 매우 아름다웠습니다. 이제 우정 어린 작은 개에 대한 이야기를 하겠습니다. 작은 개는 우리와 친교를 맺었습니다. 어느 날인가, 작업장으로 가는 우리 포로들과 이 작은 개가 동행한 적이 있었습니다. 감시자도 반대하지 않았죠. 그러나 그 이후로 이 작은 개를 더 이상 우리와 함께 가도록 보내지 않았습니다. 개는 작업반에 남겨졌고 홀로 우리를 배웅했습니다. 그러고서 우리가 작업을 마치고 돌아올 때, 이 작은 개는 매우 만족해 하여 깡충깡충 뛰면서 우리를 반겨 주었습니다. 마을을 가로지르면서, 우리를 유대인으로 바라보는 주민들로 가득찬 이 독일 한구석에서, 이 개는 우리를 확실히 인간으로 간주했습니다. 물론 주민들이 우리에게 욕설을 퍼붓거나 어떠한 악행을 저지른 건 아닙니다. 그러나 그들의 시선은 여실히 말해 주었습니다. 우리는 유죄 선고를 받았고 병원균 소지자로 병균을 옮기는 자들이었습니다. 반면 작은 개는 수용소 입구에서 우리 주변을 정답게 뛰어오르면서, 즐겁게 짖으면서 우리를 반가워했습니다.

**푸아리에** : 포로 상태로 있는 동안 무엇을 읽으셨나요?

**레비나스** : 물론 헤겔을 읽었습니다. 게다가 모든 출전出典

의 많은 철학적 텍스트를 읽었습니다. 예전에 제가 읽을 시간이 없어 못 읽었던 많은 책을 읽었죠. 18세기 저자들, 디드로, 루소, 그리고 예정에 없던 저자들의 책을 읽었습니다. 그래도 프루스트를 더 많이 읽었습니다. 그러다 갑자기 "이게 다 무슨 소용인가?" 하고 자문하기도 했습니다. 그러나 숲속에서 매일 육체노동을 하는 삶 속에서 보낸 시간, 가혹 행위 없는 감시자의 감독 아래에서 보낸 시간은 문화적 관점에서 보자면 무익한 것까지는 아니었습니다.

이는 역설적입니다. 모든 것은 어떤 의미에서 일시적이었습니다. 우리가 여기에서 벗어나지 못한다면 이것이 무슨 소용인지 자문했습니다. 그러나 숲속 외진 작업반에 속한 전쟁 포로들이 지닌 이 상대적인 특권은 안정된 영역을 만들어 냈습니다. 대단히 교양 있는 사람은 거의 없었지만, 모두가 책을 읽고 의문을 가졌습니다. 우리는 바깥에서 일어나는 일을 알지 못했습니다. 우리 식으로 은밀하게 해석된, 재해석된, 독일 라디오에서 들려오는 일부 정보들은 군사작전에만 관계된 것이었습니다. 이것이 외부세계와의 유일한 접촉이었습니다. 우리는 스탈린그라드에서의 적의 상황을 알았습니다. 그리고 다른 곳에서 우리 가족에게 일어났던 일, 가족이 보낸 편지에서 우리를 놀라게 하고 싶지 않아 했던 일보다 더 많은 것을 알게 되었습니다. 점점 소식들이 들려왔습니다. 어느 가족은 식구 중 한 명을 잃었습니다. 어떤 이는 더 이상 반응을 보이지 않았습니다.

우리가 희망과 위로 속에서 해석하고자 했던 숨겨진 방식들, 끔찍한 소식들이 떠오르네요.

**푸아리에** : 대량 학살에 대해서는 어떠한 소문도 접하지 못하셨나요?

**레비나스** : 아니오. 조금은, 네. 나중에야, 하지만 결국 천천히 알게 되었습니다. 우리 가족이 경험했던 모든 것은 알려지지 않았습니다. 상상할 수 없는 수용소의 모든 공포는 알려지지 않았습니다. 연민이나 예외 없는, 헛된 기대가 없는 의식, 운명의 이치를 따르는 의식 안에, 책에서의 일시적인 일상과 망각 또는 우매화를 동반하거나 우매화 없는 극소의 통찰력이 있었습니다.

**푸아리에** : 당신이 첫 번째 책 『존재에서 존재자로』를 집필하기 시작한 것은 더구나 포로 상태일 때였습니다.

**레비나스** : 네. 저는 책을 쓰려고 신경을 썼습니다. 하지만 제가 돌아왔을 때 책으로 다 준비가 되지 않았습니다.

**푸아리에** : 프랑스에 돌아왔을 때, 무엇을 하셨나요?

**레비나스** : 저는 브뤼예르가 사무실을 다시 찾았습니다.

여기는 제가 위임받아 오랫동안 있었던 학교입니다. 저는 1946년부터 1961년 대학에 강의하러 가기 전까지 이 학교를 운영했습니다.

**푸아리에** : 이 무렵 프랑스의 지적 무대는 사르트르, 카뮈, 메를로-퐁티 같은 사람들에 의해 점령되어 있었습니다. 그들과의 관계는 어땠습니까?

**레비나스** : 저는 『구토』가 나온 이후, 전쟁 전에 사르트르를 만났습니다. 그를 가브리엘 마르셀의 집에서 보았죠. 저는 전쟁보다 앞선 시기 동안 가브리엘 마르셀이 주최한 모임에 초대받았습니다. 모임은 한 달에 한 번 토요일 저녁에 철학자들을 위해 이루어졌습니다. 그리고 저는 사르트르의 발표에 참여했습니다. 전쟁 중에 발간된 사르트르의 『존재와 무』로 인해 촉발된 모든 철학적 격동에 대한, 미래의 사르트르 독자들이 가브리엘 마르셀의 집에서 이 시기에 형성되었습니다. 저는 전쟁 직후 사르트르의 인기가 만개한 때에 그를 다시 찾았습니다.

**푸아리에** : 그 후로도 사르트르를 만나지 않았습니까?

**레비나스** : 저는 사르트르를 세 번 만났습니다. 그가 죽기 전에 그의 집에 갔었습니다. 그는 제가 팔레스타인 문제와

관련된 「현대」*Temps modernes*지 한 호에 참여하기를 원했습니다. 또한 저는 그가 파리에서 예루살렘 대학 명예박사 학위를 받았을 때도 그를 만났습니다. 저는 심지어 제가 그를 축하하고 있는 매우 행복해 보이는 사진을 가지고 있기도 합니다. 이것은 불규칙한 교류였습니다. 그가 노벨상을 거부했을 때 저는 그에게 편지를 썼습니다. 제가 중요하다고 여기는 이 편지에서, 저는 그에게 당신이 명망 높은 상을 거절했지만 발언권이 있는 유일한 사람이고, 이것은 아마도 말해야만 하는 유일한 순간일 거라고 말했습니다. 이집트의 나세르[7]에게 이스라엘과의 평화를 제안하기 위해 가려면 말이죠. 무모한 생각이죠! 그러나 저는 그에게 "당신은 나세르가 귀를 기울일 만한 유일한 사람입니다"라고 말했습니다. 제가 쓴 편지를 받고 사르트르가 "레비나스가 누구죠?"라고 물었다는 것을 전해 들었습니다. 보부아르에 따르면 영광스러운 순간을 지녔던 『후설 현상학에서의 직관 이론』을 그가 잊었던 것일까요?

시몬 드 보부아르는 『시대의 힘』*la Force de l'âge*에서 제 책이 출판된 후 진열되어 있던 생-미셸Saint-Michel가 피카르Picard 서점에서 젊은 사르트르가 책장을 넘기며 말했던 것을 서술

7 [옮긴이] 가말 압델 나세르Nasser, Gamal Abdel (1918-1970). 이집트의 군인이자 정치가로 쿠데타를 통해 정권을 잡고 이집트 대통령(1956-1970)에 취임한다. 1958년에는 비록 짧은 기간이었지만 시리아와 이집트의 합병국인 아랍연합공화국의 대통령에 취임하기도 했다. 이스라엘과 적대적인 정책을 펼쳤다.

하고 있습니다. "이 모든 것은 내가 말하고 싶었던 것들인데, 이미 후설이 말했군."

**푸아리에** : 그의 작품은요?

**레비나스** : 저는 매우 일찍 그의 작품을 읽었어요. 탈출에 대한 제 텍스트가 출판된 후에, 전쟁이 일어나기 전에 무시무시한 것의 존재론을 표현했던 『구토』를 읽었습니다. 저는 차후에 텍스트에서 『구토』를 인용하기도 했습니다. 저는 매우 부분적으로만 『존재와 무』를 알았습니다. 포로 상태에서 돌아왔을 때 이 책을 읽었습니다. 그렇지만 저는 사르트르에게, 그의 책에 대해 뭐라고 말하는 고약한 자들 마음에는 들지 않겠지만, 그의 명백한 천재성에 대해 또한 그의 활력, 격렬함, 그의 현존, 그의 무모함에 대해 매우 크게 감탄한 사람입니다.
파리의 활기, 혹은 단순하게 깨어 있는 모든 것 이후의 파리 또는 프랑스의 이 특별한 방식은 제게 장엄함입니다. 우리는 더 불리할 것이 없기에 그가 나치 독일 점령하에 희곡을 올렸던 일을 비난합니다. 파리에 독일군이 주둔하는 동안 올렸던 반-독일적 희곡. 그는 그런 소동을 두려워하지 않았습니다. 누군가 최근에 제게 사르트르의 삶에서 금전적으로 부주의했던 상황에 대해, 그가 사람들에게 소비하는 방식, 주는 방법에 대해 말해 주었습니다. 이는 인간의 척도입니다!

**푸아리에** : 후설과 하이데거의 저작과 수업을 자주 접했던 당신에게 사르트르나 카뮈 또는 메를로-퐁티의 철학적 저작에서 발견한 새로움이 있었나요?

**레비나스** : 어떤 새로운 울림이 있었습니다. 또한 사변적인 힘이 있었습니다. 그리고 메를로-퐁티와 사르트르에게서는, 재창조하지 않고서는 아무것도 받아들일 수 없습니다. 이들은 반복해서 말하기에도 너무나 위대한 정신입니다!

**푸아리에** : 당신에게 언제 게재(출판)하고 싶다는 욕구와 필요가 생겼나요?

**레비나스** : 매우 일찍부터요! 저는 스물두 살 때 후설에 대한 제 첫 번째 논문 "에드문트 후설의 이념에 대하여"를 레비-브륄이 편집했던 「철학 연구」*Revue philosophique*에 실었습니다. 저는 항상 보여주기 위해 게재하기보다 소통하려는 사명을 가지고 있었습니다.

**푸아리에** : 작품을 만들기 위해서였습니까?

**레비나스** : 아마도 자기-자신에게는 드러나지 않는 사명이겠죠. 작품, 저는 우리가 작품을 만드는지 알지 못합니다. 매우 중요한 어떤 사상으로부터 작품이 나타나는지도 모

릅니다. 그저 제가 방금 당신에게 말했던 존재의 피로 안에서, 『탈출에 관해서』의 이야기 안에서, 아마도 독특한 어떤 것에 의해 동요된 느낌, 저를 여전히 동요시키는 느낌을 받았던 것 같습니다.

**푸아리에** : 그 당시 지배적이었던 사회적 관심과는 매우 먼 것 같은 당신의 첫 번째 책 『존재에서 존재자로』에 대해 어떤 반응이 있었나요?

**레비나스** : 저의 첫 번째 책은 『후설 현상학에서의 직관 이론』입니다.

**푸아리에** : 그건 당신의 박사 학위 논문입니다!

**레비나스** : 네. 스물네 살에 쓴, 스트라스부르 대학에서 심사를 받은 저의 "박사 학위 논문"입니다. 특히 이 책의 이른 독자 중에 사르트르가 있었다고 당신에게 이미 말했죠. 이 책은 4쇄를 찍었는데 아직도 팔리고 있습니다. 또한, 이 책은 연구소에서 주는 상을 받았습니다. 저는 레옹 브룅슈비크에게 꼭 이 영예를 돌려야 하기 때문에 이 사실을 언급하고자 합니다. 그리고 저의 스승들 가운데서 그와 같은 가장 커다란 정신을 언급하는 일은 제게 매우 중요합니다. 후설에 관한 책에서, 저는 오늘날에는 상상하기 어려운 철학적

분위기에서 그의 현상학에 대해 말해야만 했습니다. 프랑스에서 오늘날 모든 이에게 그토록 익숙해진 사유의 운동이 당시에는 거의 전적으로 알려지지 않았었습니다.

제가 돌아온 때 지배적이었던 그리고 저의 글쓰기의 주제와 부합하지 않았던 사회적 관심사에 대해, 제 생각이 본질적으로 인간적인 것과 일찍이 멀어졌을 수 있다고, 다른 어떤 용어로 사회적인 것 외에 다른 것을 다루었다고 생각하지는 않습니다. 언론의 반응은 어쩔 수 없죠. 그러나 사람들은 이 작은 책 『후설 현상학에서의 직관 이론』에 의해 입증된 저의 현상학적 특성을 항상 기억합니다. 나름대로 호의적인 평가들도 있었지만 그리 중요한 것은 아니었습니다.

『존재에서 존재자로』와 관련해 말하자면, 이 책에서 중요한 것은 존재의 익명성 안에서 존재를 서술하기입니다. 블랑쇼의 주제와 매우 가까운 서술이죠. 한 곳으로의 수렴convergence, 대응parallélisme. 제가 "il y a"라고 말하는 것. '내'가 기획하고, 운동하고, 휴식하고, 무엇을 하든 거기에 **존재가 있습니다**.

"Il y a", 이것은 익명적입니다. "비가 오다"와 같은 것이 "Il y a"죠. 단지 존재하는 어떤 것이 있는 게 아닙니다. 그러나 이 어떤 것 위에 또는 이 어떤 것을 통해 "il y a"가 있습니다. 존재의 익명적인 과정이 있습니다. 존재의 담지자 없이, 주체 없이, 마치 불면같이, 이것은 존재하기를 중단하지 않습니다—**il y a**.

우리 사이에 형제애가 있을 수 있습니다.
진정한 형제애. 이것은 타자가 나와 관련된다는 사실에 의한 형제애입니다. 그가 낯선 이인 한에서 그는 나의 형제입니다.
당신은 이를 생물학적인 것이 아니라고 선언하는 경우에만 형제애를 이해할 수 있습니다. 카인은 아벨의 형제가 아닙니다! 진정한 "형제애"는 낯선 이를 살해한 이 살인 사건 이후를 근거로 두어야 합니다. 그러나 저는 부자관계는 다른 낯섦의 양상이라고 말하고 싶습니다. 스승과 제자라는 지위 안에서 제자가 자식이 되는 상황이 분명히 있는 것과 마찬가지로 중심이 되는 다른 누군가에 대해 가능한 수용성이 확실히 있습니다. 유대 사상에서, 스승과 제자의 관계는 부자관계보다 더 부성적paternel입니다. 이것은 완전히 특별한 것입니다. 아버지에 대해서보다 스승에 대해 더 많은 자식의 의무가 있습니다. 그리고 아버지가 스승일 때….

**푸아리에** : 당신은 매우 자주 유대 사상가로 소개됩니다. 이는 당신에게 어떤 의미가 있나요?

**레비나스** : 들어보세요. 저는 당신이 이 질문을 한 것이 매우 만족스럽습니다! 저를 유대 사상가로 여기는 것은 제게 그 자체로 전혀 거슬리는 것이 아닙니다. 저는 유대인이고, 분명히 저는 부인하지 않는 특유의 유대적 해석, 교류, 전통

을 가지고 있습니다. 그러나 저는 철학적 비판을 거치는 수고 없이 오로지 종교적 전통과 텍스트에 근거한 개념들 사이의 연관을 단행하는 누군가로 제가 이해된다면, 이 표현에는 반대할 겁니다. 성서 구절을 읽는 두 가지 방법이 있습니다. 유대 전통의 전제들을 불신함 없이, 심지어 이 전제들을 이해함 없이, 그리고 언어에서 발생할 수 있는 모든 특수성과 함께 표현되는 방식들을 변경하지 않고 결론 속에 깔린 전제의 가치를 돌려주면서 전통에 호소하는 방법이 있습니다. 그리고 결코 철학적 관점에서 곧바로 부인하지 않는, 그렇지만 나타나는 것에 의해 증명될 수 있는, 표출된 사유의 제안들을 해석하고 받아들이는 데 두 번째 독해가 있을 것입니다. 저에게 현상학과의 관계는 매우 중요했습니다. 모든 의미가 암시적으로 이 의미의 맥락이 무엇이고, 지적 행위와 정신적 분위기의 전제가 무엇인지 말합니다. 물론 저는 철학적이지는 않은, 유대교적 글쓰기의 종교적 이해와 결부된 전통 언어로 우선 들어가려 합니다. 저는 이것을 채택합니다. 그러나 이 선택이 제 노력의 철학적 계기는 아닙니다. 저는 그 점에서는 단순한 신앙인입니다. 신앙인은 채택된 이해가능성intelligibilité 뒤편에서 객관적으로 전달할 수 있는 이해가능성을 찾을 수 있습니다. 철학적 진리는 성서 구절의 영향력에 근거를 둘 수 없습니다. 성서 구절은 현상학적으로 정당화되어야 합니다. 성서 구절은 이성의 탐구를 허용할 수 있습니다. 그것이 어떤 의미에서는 제 마음에 드는 “당신은 유대 철학자입니다”라는 표현입니다. 때때로 저는 옛 지혜로서 찾으려 애쓰고, 성서 구절로서 예시하는데, 사람들이 제가 성서 구절에 의해 증명한다고 넌지시 말할 때가 있어요. 그것은 저를 신경 쓰이게 합니다. 저는 성서 구절로 증명하지 않습니다.

**푸아리에** : 그래서 저처럼 유대 전통에 완전히 문외한인 어떤 사람이라도 철학자로서 쓴 당신의 글을 아주 잘 읽을 수 있습니다.

**레비나스** : 네, 저는 매우 뚜렷하게 이 두 종류의 작업을 분리합니다. 저는 두 출판사에서 출간하고 있습니다. 한 곳에서는 이른바 종교적인 텍스트를 출간하고, 다른 곳에서는 순수하게 철학적인 텍스트를 출간합니다. 저는 이 두 영역을 분리합니다. 철학적일 뿐만 아니라 전통적인 저의 주석에서 매우 자주, 저는 다른 신앙을 가진 사람들 사이에서 이해되는 어떤 것에 호소합니다. 늘 종교적인 문맥이 철학적 특징을 야기시킨다는 이유로 어떤 힘을 갖는 생각이 솟아오르는 상황들이, 애초에 예시나 암시의 역할을 하는 성서 구절 속에 있습니다. 이러한 생각은 성서 구절 안에서, 경구를 보존하면서도 철학적 텍스트에서 환영받는, 당연히 환영받아야 하는 모든 표현을 받아들입니다. “너는 결코 죽이지 않을 것이다”라는 개념, 저는 이 개념에 살해를 단순

히 금지한다는 의미가 아니라 명백하게 다른 의미를 부여합니다. 이 개념은 존재의 인간적인 사건의 근본적인 규정 또는 서술이 됩니다. 이것은 마치 존재의 부과 자체가 항상 누군가의 삶을 침해했던 것처럼, 아마도 폭력적인 논쟁 자체인 타자에 대한 폭력 행위와 살해 행위에 대한 끊임없는 조심성입니다. 저는 종교 그리고 그리스도교 철학자의 것임에도 불구하고 철학적인 것으로도 간주할 수 있는 텍스트와 다시 만납니다. 조금 전에도 그런 텍스트를 인용했죠. "태양 아래 내 자리는 모든 침탈의 이미지 또는 시작일 수 있다." 물론, 이것은 우리가 절대적으로 받을 권리가 있는 천혜의 땅 개념이 문제시된다는 견해입니다. 그럼에도 이 문제화는 철학적입니다. 이것은 우리가 그와 같이 말하는 것을 즐기는 것과 같은, 영원한 유대인의 이주 전통의 단순한 참조가 아닙니다.

**푸아리에** : 네, 왜냐하면 우리가 유대 사상가를 말할 때 바로….

**레비나스** : 우리는 그것에 대해 생각합니다, 그렇습니다! 파스칼이 이것을 말했다는 것은 매우 중요합니다. "태양 아래 내 자리…" 이것은 엄청납니다. 이것은 첫 번째 확실성입니다. "이미 거기에 모든 대지의 침탈이 있다." 즉, 모든 타자들로부터 그들의 자리를 박탈하는 행위. 자, 저는 당신에게

하나의 예를 제시했습니다. 마찬가지로, 성서에서 36번 발견되는 "너는 이방인을 사랑할지어다"라는 구절. 모세 오경에서만 36번, 탈무드 텍스트에 따르면 "아마도 46번까지도" 발견된다고 덧붙여 말합니다. 36번, 그리고 아마도 46번이라고 말할 때, 이것은 어쩌면 56, 66번을 말하고자 함입니다. 이것은 전통에서 모든 통계상의 관심을 넘어 느끼는 것이 중요하다고 말하는 방식입니다. 그리고 우리는 "너는 이방인을 사랑할지어다"라는 경구를 이해하기에 이릅니다. 반anti 르 펜[11] 정치로서가 아니라 사랑 자체, 감성 자체 그리고 느낌 자체로 모든 인간이 다른 모든 인간에 대해 가지는 타자와의 관계, 낯선 이와의 관계 안에서 그들 최초의 자리를 갖게 되는 과감하고 진실한 확언affirmation으로 말입니다. 결국, 모든 사람은 이방인입니다. 시편 한 구절에서는 "나는 지상의 이방인이다"[12]라고 말합니다. 또한, 여기에 곧바로 "내게 당신의 계율을 주시오"라는 철학적 구절이 나옵니다. 땅이 없는 민족의 고백일 뿐만 아니라 토착민 뒤편 망명자의 땅에서 현전한다는 의미. 이것은 순수한 초월적 주체의 규정이고 이 망명에서 나오는 도덕 법칙의 최초의 필연성입니다.

11 [옮긴이] 프랑스의 극우 정치가 마린 르 펜Marine Le Pen의 아버지 장-마리 르 펜Jean-Marie Le Pen(1928-)을 지칭한다. 그는 프랑스의 극우정당 국민전선을 창설했다.

12 [옮긴이] 시편 119장 19절.

**푸아리에** : 스스로 종교 사상가라고 생각하십니까?

**레비나스** : 한 번 더, 이 질문은 '당신은 신앙인입니까, 당신은 종교적 의례를 지키십니까?'라고 묻는 것을 의미할 수 있겠죠. 하지만 이것은 어쨌든 사상가로서는 아닙니다. 왜냐하면 당신의 질문이 묻고 있기 때문입니다. 당신에게서, 당신의 사유 안에서 결정적으로 획득된 계시의 진리가 당신의 철학적 삶의 토대를 구성하는 진리로써 개입합니까? 저는 이것을 확신하지 않습니다.
하지만 또한 반복해서 말하자면, 종교적인 텍스트 안에서, 즉 성서 안에서 분석이나 연구를 할 때 암시나 부름appel이 있을 수 있습니다. 만일 당신이 제게 다르게, 성서가 사유에 본질적이라고 생각하십니까?라고 질문한다면, 저는 그렇습니다!라고 답할 것입니다.
특히 정신적인 행위로 간주하는 행위를 장려하는 그리스 철학 곁에서, 인간은 진리를 구하는 자입니다. 성서는 우리에게 인간은 그의 이웃을 사랑하는 자라고 가르칩니다. 이웃을 사랑하는 행위가 대상에 대한 앎 그리고 대상에 대한 앎으로서 진리만큼이나 분별 있는 삶 또는 본질적인 사유의 양상이라고 가르칩니다. 저는 이것이 더 본질적이라고 말할 것입니다.
이런 의미에서, 만약 우리가 사유를 낳는 이 두 번째 방식이 종교적이라고 평가한다면, 저는 종교적 사상가입니다!

저는 유럽이 성서와 그리스인으로 이루어졌다고 생각합니다. 그러나 성서는 그리스인도 필요로 합니다.

**푸아리에** : 다시 말해, 종교와 그리스 철학 말씀인가요?

**레비나스** : 네, 요컨대 성서와 같은 종교는 그리스 철학을 이야기하고 장려합니다. 왜냐하면 거기서 인간적인 것이 시작하기 때문이며 또한 주체가 관계로부터, 타인에 대한 의무로부터 시작하기 때문입니다. 성서 안에는 확실히 종교적 의식의 삶이 있습니다. 아마 이것은 본질적일 것입니다. 성서를 해석해야 합니다. 그러나 성서의 근본적인 줄기를 해석해야 합니다. 이것은 '나'와의 관계로서 타자를 두기, 좀 더 정확히는 타인에 바쳐진 것과 같은 '내' 존재의 표명입니다. "너는 결코 죽이지 않을 것이다" 또는 "너는 이방인을 사랑할지어다" 또는 "너는 네 이웃을 너-자신과 같이 사랑할지어다." 여기서 "너-자신과 같이"라는 말은 매우 중요합니다. "너는 이방인을 사랑할지어다"에 이 표현이 추가됩니다. 왜냐하면 "너는 네 이웃을 너-자신과 같이 사랑할지어다"는 엄밀하게 '나'에 대한 애착이 근본적인 애정이고 이따금 애정을 타인에게 내주어야만 한다는 것을 의미하기 때문입니다. 그렇기 때문에 36번 혹은 46번 말하는 "너는 이방인을 사랑할지어다"는 "너는 네 이웃을 너-자신과 같이 사랑할지어다" 만큼이나 중요합니다. 나머지 모든 것

들은 다양한 정도로나 다양한 수위로나 죄다 타인에 대한 행동 윤리입니다. 모세 오경과 예언서를 통해 드러나는 인간의 모든 특징은, 인간이 타인으로부터 독립적인 주체, 타인에 대해 책임지는 주체라는 것입니다. 어떤 의미에서 이는 성서 또한 중요하다는 말이기도 합니다. 중요한 문제는 유대 전통과 그리스 전통 사이의 관계가 무엇인지 자문하는 데 있을 것입니다. 이것이 단순히 유럽인을 구성하는 두 영향의 수렴일까요? 유럽인, 저는 이렇게 말하는 것이 대중적일지는 모르겠습니다. 제게 유럽인은 금세기 우리에게서 일어났던 모든 일들에도 불구하고, 그 "야만적인 사유"에도 불구하고 중심적입니다. "야만적인 사유", 이것은 유럽인이 발견할 수 있었던 사유입니다. 우리의 사유를 알아봤던 야만적 사상가들이 아닙니다. 일종의 유럽적 주체에 의한 모든 사유의 포장enveloppement이 있습니다. 유럽은 비난받을 만한 많은 것들을 가지고 있습니다. 유럽의 역사는 피와 전쟁의 역사였습니다. 그러나 또한, 피와 전쟁을 뉘우쳤던 장소였고 양심의 가책, 그리스를 향해서가 아니라 성서를 향한, 유럽의 회귀가 있었던, 양심의 가책을 이루는 장소였습니다. 구약 또는 신약 성서, 그러나 제 생각에 모든 것이 기재되어 있는 것은 구약입니다. 그런 의미에서 저는 당신의 질문, 제가 종교 사상가인지에 대해 응답할 수 있습니다. 저는 이따금 이렇게 말합니다. '인간, 이것이 유럽이고 성서다. 나머지 모든 것들은 여기에서 표출될 수 있다.'

**푸아리에** : 당신의 사유에서, 당신은 몇몇 단어들에 새로운 의미를 부여하는 것 같습니다. 저는 특히 신 혹은 선출 élection이라는 단어에 대해 그렇게 생각합니다. 유대 민족의 선출은 자주 오해를 받습니다. 당신은 그것의 의미를 명확히 했습니다.

**레비나스** : 유대 민족에게 선출은 종교적인 믿음이지만 철학적인 것이 아니며, 전통적인 층위에서조차 항상 책임의 과잉으로, 즉 타자에게보다 오히려 자기에게 요구된 책임이 과잉되었다는 뜻으로 여겨진다는 점을 분명히 해 두겠습니다. 물론, 매우 자주 선출은 탁월함을 의미하는 것으로 보이고, 그릇된 방향에서 그 말을 보게 되면 특권 계급의 요구로 보이거나 특전을 누릴 권리처럼 보이기도 합니다. 올바른 사유는 선출을 의무가 과잉되었다는 뜻으로 이해합니다. 자기에 대한 추가적인 고려나 주의가 예식禮式으로서 나타나는 것, 이것이 아마도 유대교에서의 예식과 실천의 의미일 것입니다. 그러나 특권으로 이해된 선출과는 무관한 의미에서, 선출은 마치 유대인들이 더 많은 의무를 느끼고 타자들보다 더 많은 의무에 기인해 있었던 것처럼, 더구나 타자들에게 많은 근심의 원인이 된 것처럼 여겨지게 합니다. 제 주제인 책임에 대한 이야기로 돌아가죠. 책임 안에서, 저는 당신에게 자아와 타자, 유일자로서 타자와의 관계를 타자를 위한 책임으로, 이미 무관심하지-않음과 사랑

으로 묘사했습니다. 이것은 우스운 사랑, 장난 같은 사랑이 아닙니다. 이것은 유일자로서 이 타인이 지닌 극단적 중요성, 즉 이웃이 '내'게 명백히 타자인 유일성입니다. 이것은 우리를 결합하는 공통의 유類에서 떼어낸 유일성입니다. 타자를 위한 책임은 분명 단순한 동류성이 아닙니다. 다른 사람은 그의 유 안에서 유일자로서, 사랑받는 자로서, 세상에 유일자로서 다릅니다. 당신이 타자를 유의 개체로 보자마자 당신에게 이미 "일종의" … 가 있습니다. 하지만 인간의 유일성에서 타자와의 만남, 이것은 타자를 포기하는 것이 아닙니다. 만남은 타자를 위한 책임 그리고 무관심-하지-않음입니다! 우리는 우리가 거리에서 만났던 사람에 대해 책임이 있습니다. 그리고 이 책임은 양도할 수 없습니다. 이것은 부인할 수 없는 책임의 이러한 유일성 안에 결국 '나' 자신의 유일성이 있다는 것입니다. '나'는 직접적으로 책임이 있습니다. 타자가 아니라 '나', 이 "타자가 아닌 나"는 '내'가 유일하게 있는 세계이고 '내'가 책임져야 하는 다른 사람이 있는 세계입니다. '나'는 이 책임 안에서 타자를 대신합니다. '나'는 그의 볼모이고, 그에게 아무것도 저지르지 않았음에도 책임이 있습니다. '내'가 그를 무시해도 됨에도 불구하고 혹은 '내'가 그를 무시해도 되기 때문에라도 책임은 있을 것입니다.

**푸아리에** : 다른 사람은 유일합니다. 그러나 나 또한….

**레비나스** : '나'의 유일성은 어디에 있습니까? '내'가 타자에 대해 책임을 질 때, '나'는 유일합니다. '나'는 타자에게 응답하기 위해 선출된 자로서, 대체할 수 없는 자로서 유일합니다. 선출되어 경험한 책임. 책임은 수신된 호소를, 다른 사람에 대한 책임의 역할을 지나칠 수 없습니다. 윤리적으로 책임은 명백합니다. 책임적인 자아는 대체할 수 없고, 상호 교대가 가능하지 않으며, 유일성에 명해집니다. 사실, 책임은 대체될 수 있습니다. 그러나 사람들 사이의 관계가 다수성 가운데서 세워질 때 그리고 그들이 규제될 때, 이 관계는 서로가 얼굴과 얼굴을 마주한 올곧음droiture에서가 아닌, 인간 다수성을 통해서입니다. 인간 다수성을 조직해야 하고 계산해야 하고 편성해야 합니다. '나'는 국가, 정의 안에서 조직된 사회에 '나'의 책임을 양도할 수 있습니다. 그러나 이 정의의 요청을 정당화하는 것, '내'게 정의를 모색하도록 강제하는 것, 이것은 '내'가 다른 사람에 대해 책임이 있다는 사실입니다. 저는 책임 속 자아의 유일성을 자아의 선출이라고 불렀습니다. 물론, 상당한 정도로 성서 안에서 문제가 되는 선출에 대한 생각도 여기에 있겠죠. 이것은 '나'의 주체성의 궁극적인 비밀로 사유됩니다. '나'는 세계를 파악하고 세계를 통치하는 지배자가 아닙니다. 선출을 거부하면 악을 실행하게 되는데, 이 선출을 거부하는 불가능성 속에서 양도할 수 없는 방식으로 부름받은 자로서의 '내'가 바로 '나'입니다. 여기서 자유는 필연성입니다. 그러나 이

필연성은 또한 자유이기도 합니다. 여기에 제가 어떻게 선출에 대한 당신의 질문에 답할지가 달려 있습니다. 제가 진술하는 선출 개념은 이미 종교적인 범주가 아닙니다. 선출은 윤리적 기원을 갖습니다. 물론, 이는 의무의 과잉을 의미합니다. 선한 신이 유일성 속에서 당신을 선출한다고 악독하다고 생각하지 마십시오. 왜냐하면, 확실히 이것은 근심을 낳지만 선이기 때문입니다. 저는 선의 개념에 대한 당신의 질문으로 돌아갑니다. 이것은 행복, 책임의 입장이 아닙니다. 이것은 존엄 그리고 선출입니다. 우리는 선출되었음에 감사해야만 합니다. 심지어, 이것은 종교의 소환일 텐데, 우리는 감사함이 신 덕분이라는 것에 감사해야만 합니다. "우리는 감사함에 대해 감사해야만 합니다." 이것은 제게 항상 나타났던 제식祭式 표현, 이상하면서도 특별한 표현입니다. 이것은 "당신에게 어떤 것을 받았기에 나는 감사해야만 합니다"를 의미하지 않습니다. 이것은 우리가 명백히 감사하는 마음을 가진다는 데 감사하는 것을 뜻하고 상위자가 신일 때 감사하는 자가 명목상이지만 낮은 위치에 있는, 이러한 상황에 대한 감사를 뜻합니다.

**푸아리에** : 우리가 받는 대신에 주는 것에 대해 감사해야 합니까?

**레비나스** : 물론입니다! 더구나 우리는 아마도 보다 열등한

상황, 유년기의 상황에 대해 감사해야만 하는 지위를 가진 것에도 감사해야 합니다. 이것은 최고의 은총입니다!

**푸아리에** : 유일성 안에서가 아니라 유에 속한 개인으로서 타인을 여기는 것, 저는 특히 정치적 담론에 대해 생각합니다. 항상 어떤 집단에 타인이 있을 것이기 때문에 그리고 절대 우리가 말하듯 한 개인이 아닐 것이기 때문에 궁극적으로 타인과의 만남을 피하는 것 아닙니까?

**레비나스** : 아닙니다. 유에 속한 타인에 대한 고려, 정치적인 것의 출현이 정당화되는 동기가 있습니다. 저는 당신에게 그 이유를 알려 주었습니다. 우리는 인간의 다수성 안에 살고 있습니다. 타자 밖에는, 항상 제3자가 있습니다. 그리고 제4자, 제5자, 제6자…. '나'는 타자들에 대해 생각하면서도, 일자一者에 대해서 전유하는 '나'의 책임 안에 있습니다. '나'는 어느 누구도 소홀히 할 수 없습니다. '내'가 타자를 유 안에서 또는 국가 안에서 사유하기를 강제당하는 데 반발하면서 말이죠. 이것은 단순히 영혼이 아니라 시민이 된다는 사실입니다. 시민, 시민은 유 안에 놓였던 아무개 씨, 유로 주어졌던 아무개 씨 또는 '내'가 주었던 유를 받은 아무개 씨입니다. 판단해야만 하고 알아야만 하고 정의를 행해야만 합니다. 이것은 모든 그리스적 지혜가 본질적으로 되는 순간입니다. 저는 조금 전에 말했습니다. 성서와 그리스.

여기서 이것은 그리스의 순간, 그리스의 모든 정치적 사유입니다. 이것은 단지 유 안에서 개인들을 포괄하는 최초의 행위도, 개인들을 논리 안에 포함시키는 최초의 행위도 아닙니다. 지금까지 유일성에 관해 제가 발전시켰던 모든 것은 전前-논리적이었습니다. 무분별한 사유가 아닙니다. 안심하십시오! 전-논리적입니다. 이제 논리를 거쳐야만 합니다. 개인들을 비교해야만 하고, 둘 사이에 누가 유죄인지 말해야 합니다. 이것은 국가 안에서만 가능합니다. 법적인 제도와 절차들이 필요합니다. 당신은 국가의 필요성을 발견합니다. 이웃의 얼굴에 의해 영감받은 자선charité을 통해 분명 필요하게 된 자선과 관련하여, 국가는 당연히 첫 번째 폭력입니다. 얼굴이 나타나지 않았었다면, 우리는 순전한 폭력의 다수성을 가졌을 것입니다.

**푸아리에** : 국가는 유 안에서 개인을 고려합니다.

**레비나스** : 유 안에서, 그리고 제도들을 통해 고려하지요. 그렇기에 국가의 활동은, 어떤 면에서는 그 활동을 부정하면서 유일성 안에서 개인과 관련되는 개인 상호 간 책임의 활동에 추가되고, 책임지는 자의 유일성 안에서 개인의 활동인 개인 상호 간 책임의 활동에도 추가됩니다. 볼모의 조건에 따른 책임을 져야 합니다. 왜냐하면, 국가는 국가가 결코 하지 않았던 것에 대해 응답하기 때문에, 앞서 저질러진 자

유의 행위에 대해서는 아무런 응답도 하지 않기 때문에, 자기 것이 아닌 그리고 절대 현재였던 적 없었던 과거에 대해서 응답하기 때문입니다. 철학적으로, 볼모의 책임 안에서 주목할 만한 상황이죠! 결코 나의 현재였던 적 없는 과거의 관념, 태곳적 과거, 아마 절대적인 과거, 적절한 범주에서의 과거로의 회귀. 그런데, 유 안에 이 회귀가 있습니다. 우리가 전에 말했던 질문이 있습니다. 만약 결국 유일자들이 유 안으로 되돌아가야 한다면, 왜 그토록 유일성을 강조할까요? 우리가 무익한 구성을 만든 건 아닐까요? 국가의 이념을 거쳐야만 하기 때문에 "인간은 인간에 대해 늑대"라는 홉스의 원리로부터 국가의 이념에 이를 수밖에 없는 걸까요? 우리는 약간의 이성, 약간의 그리스 정신과 함께 국가에 이릅니다. 만인에 대한 만인의 전쟁은 우리가 따르는 일반적인 원칙들이 수립되는 법적 국가를 인간들이 구성하도록 만듭니다. 왜냐하면 타자들이 일반적인 법칙들에 복종하는 만큼 우리가 일자들을 보증하기 때문입니다. 모든 것은 인간이 인간에 대해 늑대라는 상황으로의 위협적인 회귀 때문에 유지됩니다. 따라서 왜 인간에 대해 늑대가 아닌 인간이라는 개념, 늘 부과되는 다른 사람에 대한 책임이라는 인간 개념을 강조해야 할까요? 저는 국가에서 법의 보편성, 즉 항상 특수한 것에 행해진 폭력이 무조건적 포기는 아니라고 생각합니다. 왜냐하면, 국가가 자유로운 만큼 국가의 법은 아직 완성되지 않았고, 현재의 정의보다도 법이 더 정의로울 수 있기 때문입니다. 이는 현재 국가에 토대를 둔 정의는 아직 불완전한 정의라는 의식입니다. 제 생각에는 심지어 더 구체적인 방식으로 정부의 존재présence와 일치할 수 없는, 인권에 대한 관심과 함께 국가를 사유해야 한다고 봐요. 인권에 대한 관심, 이것은 국가의 기능이 아닙니다. 이것은 국가 안에서 국가적이지 않은 제도, 아직 실현되지 않은 인간성을 소환합니다. 우리는 국가가 떠나왔던 자선 또는 자비의 과잉으로, 첫 번째 중요한 것으로 돌아갑니다. 두 번째로 중요한 것은 법들이 보편성 안에서 기능하는 국가, 판결이 보편성의 관심 안에서 선고되는 그러한 국가에서, 한번 말해진 정의에는 유일자 또는 책임지는 자인 사람에게 엄정한 정의의 엄격성을 항상 재검토하도록 하는 어떤 것을 찾게 하는 가능성 또는 호소가 아직 있다는 것입니다. 이 정의를 완화하는 것, 이 개인적인 호소를 듣는 것, 이것은 각자의 역할입니다. 이것은 자선이나 자비로의 회귀에 대해 말해야만 하는 형태를 띱니다. 자선charité은 기독교에서 쓰는 용어입니다. 또한 일반적으로는 성서에서 쓰는 용어, 바로 자선 또는 자비를 의미하는 **헤세드***hassed*라는 단어가 있지요. 정의 뒤에는 자비에의 호소가 있습니다. 여기에 국가의 필연성이 자선을 배제할 수 없는 방법이 있습니다. 당신에게 하나의 전례가 아닌 유대 기원의 텍스트로부터 하나의 예증을 들어 보겠습니다. 엄밀하지만 터무니없는 문제들을 제기하는, 가혹한 사람들로 인정 받는 랍비들은 가장 중요한 문제들을 다루는 형태로, 성서 안에 한 가지 질문이 있다고 말합니다. 성서 구절에 "재판관은 각자의 얼굴을 보지 않는다"라는 말이 있습니다. 즉, 재판관은 자기 앞에 있는 누군가를 보지 않고, 누군가의 특별한 상황을 고려하지 않습니다. 재판관에게, 앞에 있는 누군가는 단순히 기소에 대해 책임을 져야만 하는 누군가일 뿐입니다. 그리고 다른 성서 구절, 사제들이 축복하는 구절을 보면 "신은 너를 향해 얼굴을 돌린다"라는 말이 있습니다. 랍비들은 자신의 방식으로 대답합니다. "판결 이전에는 얼굴을 보지 않지만, 한번 판결이 선고되면, 재판관은 얼굴을 쳐다본다." 저는 성서 구절에 의한 예증일 수 있는 것을 하나 제시할 수 있어서 매우 만족합니다. 저는 이 텍스트로부터 전혀 시작하지 않았습니다. 나중에야 이 구절을 발견했습니다. 이것은 매우 낯선….

**푸아리에** : 보편적인 것, 국가 안에 단수적인 것이 현존한다는 것. 우리가 유대 민족의 조건에서 이것을 찾아낼 수는 없을까요? 유대 민족이 인류에게 제시해야만 하는 증언은 명백히 보편적인 것 안에서의 단수성, 보편적인 것을 위한 단수적인 것 아닙니까?

**레비나스** : 저는 보편적인 것에서 가져온 공헌contribution이라는 관념을 고려할 것입니다. 왜냐하면, 이것은 어느 누구

도 아프게 하지 않기 때문입니다. 교황 그-자신은 종교회의 이후 했던 선언, 유명한 **노스트라 아에타테***Nostra Aetate*(비그리스도교와 교회의 관계에 대한 선언) 안에서, 유대 민족의 존재를 통해 필연성의 특징을 거의 알아보았습니다. 정확하게 그의 표현을 되풀이해서 말할 줄은 모르지만, 저는 교황이 유대인들이 말하는 것을 들어야만 한다고, 유대인들의 해석을 들어야만 한다고 말했습니다. 교황은 단순히 유대인들의 관점에서, 예의 바르게 해야만 한다고 말하고 싶어 하지 않았습니다. 마치 "모든 것이 완성되었다"고 했음에도 불구하고 그리스도교적 관점에서 종교적 유대교의 영속적인 의미화가 아직 있었던 것처럼 모든 것이 발생합니다. 저는 유대 민족의 지속, 해석의 구체적 의미화와 유대 민족이 말하는 것과 유대 민족이 설명하는 것의 구체적 의미화를 말하고 싶습니다.

**푸아리에** : 저는 우리가 유대 민족의 이러한 필연성에 대해 다시 논의하기를 바랍니다.

**레비나스** : 들어보십시오. 저는 "필연성"이 올바른 단어인지 확신하지 못합니다. 여하튼, 교황에 의해 발언된 단어는 확실히 우리가 모든 삶에 빚지고 있는 가치와는 다른, 유대교의 존속에 가치를 주었던 긍정적인 의미의 단어였습니다. 심지어 교황은 로마에 있는 유대교 회당에 방문했을 때,

유대인들을 말하면서 "형frère aîné"이라는 표현을 사용했습니다. 물론 성서를 보면 형은 종종 엇나간 자들입니다. 그러나 이 표현은 그들의 경험과 더 젊은 사람들에게 요긴할 수 있을 소중한 경험을 고려해서, 우리가 어떤 것을 기대할 수 있는 자들을 시사하고자 했습니다. 만일 당신이 제가 오늘날 유대-기독교의 관계들의 이 문제를 다루기를 원한다면 저는 더 일반적인 방식으로 이 문제를 제기해야 합니다. 큰 어려움 또는 큰 오해는 틀림없이 기독교 역사와 관계가 있습니다. 전체성 안에서 단지 교리적 의미만을 갖지 않는 책들을 가지고도, 자선과 타인에 대한 사랑에 대해 말하는 책들을 가지고도. 예를 들어 산상수훈은 모든 독자에게 감탄할 만한 텍스트입니다. 교회의 역사 속에도 끔찍했던 기간들이 있었습니다. 우리에게도 종교 재판과 십자군의 기억은 수세기에 걸쳐 펼쳐진 반유대적 의미의 매우 잔인하고 가혹한 분위기를 간직하고 있습니다. 유대인에게 역사를 통한 견디기 힘든 마음은 예수 그리스도의 온화한 태도가 잔인한 행위를 달게 받아들였다는 것을 사유하는 데 있었습니다. 이것은 새로운 메시지인 자선이 지닌 근본적인 모순이었습니다. 이 모든 것이 오늘날 때때로 기억될 뿐입니다. 하지만 때때로 떠오르는 것은 여전히 최근의 회상입니다. 저는 요전 날 대단히 열려 있고 경건한 사람인 독일의 한 수도사에게 왜 십자군 기간 동안 예수가 십자가에서 움직이지 않은 채 그대로 있었냐고 물은 적이 있습니다. 그는 제게 대답했습니다. "당신은 그리스도가 그렇게 고난의 끝까지 갔다는 것을 이해합니다. 이것은 그의 겸허함humilité의 정점이었습니다. 그리스도교도들에 의해 저질러진 잔인한 행위들을 감내하는 것은 그의 수난의 궁극적인 겸허함이었습니다." 그 점에 대해서 저는 그에게 답했습니다. "우리는 동의하지 않을 것입니다. 여기에 가해진 고통이 오로지 그의 것은 아니었습니다. 이것은 또한 희생자들의 고통이었습니다."[13] 제게, 유대-기독교의 비극적 사건의 매우 중요한 순간은 히틀러가 일으킨 참사입니다. 유대인들은 확실히 제가 결코 충분히 감사 드릴 수 없을, 기독교도의 자선을 알았습니다만 또한 아우슈비츠의 사형집행인들이 모두 교리문답을 반드시 했어야만 했다는 사실도 알았습니다. 이것이 그들 스스로 죄를 저지르는 것을 막지는 못했죠. 제가 아마도 다음과 같이 주장하는 것은 잘못일 것입니다. 우리가 프랑스에서 폴란드에서 그리고 리투아니아에서 그리스도교의 자선이라고 알았던 이 모든 것은 우선 잊혀져서는 안 됩니다. 잊지 못할 것들입니다. 저는 결국 이 고문 앞에서, 이 비참 앞에서, 히틀러주의의 심연 앞에서 직접적으

13 [영역본 각주] 논쟁이 되고 있는 "무방비"에 대한 레비나스의 담화는 「프란츠 로젠츠바이크 이후 유대교와 그리스도교」라는 제목으로 엮어져 나왔다. 이 대담은 독일어로 진행되었고, 레비나스와 헴멀Hemmerle 주교는 여기서 "Hilflösigkeit(무력감)" 또는 "humilité(겸허)"라는 용어를 사용했다. [옮긴이] 「프란츠 로젠츠바이크 이후 유대교와 그리스도교」는 레비나스의 책 『국가들의 시대에』*À l'heure des nations*에 수록되어 있다.

로 유대 집단에게 보여준 이해가 교회 안에 있었다고 생각합니다. 제 생각에는, 유대-기독교 관계 안에서 새로운 시대가 시작합니다. 개인적으로 저의 지적인 통찰에는 프란츠 로젠츠바이크를 알게 된 1935년부터, 그의 철학이 매우 큰 역할을 했습니다. 저는 당신에게 여기서 설명하기에는 매우 복잡한 이 철학에서 단 두 가지만 말하겠습니다. 우리는 단번에 모든 입장이나 여정, 모든 추이를 열거할 수 없습니다. 더구나 제가 늘 로젠츠바이크를 따르는 것도 아닙니다. 비록 순수하게 이론적인 그의 사유에서 근본적인 몇몇 입장들을 차용했음에도 불구하고 말입니다. 이 철학자는 진리란 그-자체로, 역사의 사건 때문이 전혀 아니라 본질적으로 두 가지 형태로, 즉 유대교적인 것과 그리스도교적인 것으로 표면화된다고 주장합니다. 이 두 형태는 따지고 보면 대체할 수 없고, 바꿀 수 없지만inconvertible, 서로 필수 불가결합니다. 하나가 다른 하나보다 더 낫다고 조금도 말할 수 없습니다. 로젠츠바이크는 매우 동화된, 그리스도교로 거의 개종이 임박한 가정에서 태어났습니다. 그의 가족 중 많은 구성원이 그리스도교인이었습니다. 그럼에도 그는 유대인으로 남았고, 더군다나 매우 정열적인 유대인이었습니다. 하지만 그는 제가 방금 당신에게 말했던 것을 명백하게 지지하는 유대인이었습니다. 그가 동화된 유대인의 습관적인 태도를 버렸음에도 불구하고, 그에게는 유럽의 유대인, 동화된 유대인의 특징적인 사유가 있습니다. 그는 자기 주위에서 완전히 재구성된 유대적 분위기 속에서 1929년 젊은 나이에 죽었습니다. 그는 유대인은 주 예수 곁에 있고 세계는 아직 주 예수 곁에 있지 않으며, 그리고 그리스도교는 주 예수 곁에 있지 않은 자들이 세계를 통해 주 예수를 향해 나아가는 방식이라고 주장했습니다. 신을 향해 돌아선 그리스도의 모습은 모든 인간을 호명합니다. 이는 유대교에서는 앞으로 성과가 있지만 모든 사람들을 위하지는 않습니다. 따라서, 둘이 서로 다르면서도 필수적인 계기가 있습니다. 이 주장thèse에서 이론의 여지가 있는 부분이 무엇이든, 이는 놀라운 사건으로 남았습니다. 종교적 역사에서 처음으로, 일치함 없이도 상호적으로 서로 알아볼 수 있는 두 개의 진리의 형태 아래 하나의 진리를 진술한 것입니다. 우리도 있지만 마찬가지로 타자들도 있다는 것이죠. 저는 이 이중성dualité이 존속하기 쉽다거나 생각하기 쉽고 일상적 의식이 행해지기 쉽다고 말하지 않습니다. 이것이 엄격하고 완전한 지성을 지닌, 매우 순수했던, 전적으로 유럽의 문화를 가졌던 한 사람에 의해 사유될 수 있었다는 사실은 제게 항상 새로운 평화의 전조前兆로서 깊은 인상을 주었습니다. 그래서 노스트라 아에타테의 텍스트와 교황의 로마 유대교 회당 방문과 같은 사건들은, 이스라엘 국가 교회에서는 아직 인정을 받지 못한 것이 제게는 많이 유감이지만,[14] 사건들 넘어 새로운 가능성을 보증하는 중요

14 [영역본 각주] 1985년 레비나스의 진술 이후, 교회는 이스라엘 국가를 인정했다.

하고 매우 특기할 만한 일이라고 생각합니다

**푸아리에** : 로젠츠바이크에 대해 말씀하셨습니다. 마르틴 부버에 대해서도 말해 주십시오. 저는 당신이 그를 알고 있다고 생각합니다.

**레비나스** : 네, 저는 전쟁 이후에 그를 개인적으로 알았습니다. 사람들은 종종 상호주관적 관계에 대한 저의 관심이나 저의 주요 주제를, 사람들 사이의 관계인 나-너를 구분했던 그리고 인간과 사물들과의 관계인 나-그것을 구분했던 부버의 철학과 비교합니다. 다른 사람과의 관계는 대상의 앎으로 환원 불가능합니다. 이것은 확실히 부버가 저보다 먼저 했던 성찰 영역입니다. 우리가 자기도 모르게 타자에 의해 이미 일궈진 현장에서 일했을 때, 우리는 개척자에게 충성과 감사를 드려야만 합니다. 저는 마르틴 부버에게 충성과 감사를 드립니다. 비록 제가 신중하게 글을 쓰기 시작할 때, 타인의 타자성에 할애했던 성찰로 저를 이끌었던 것이 실제로 부버의 작품으로부터 출발하면서는 아니었지만요. 제가 부버에게 감사와 충성을 드리지 않는 것은 아닙니다. 가브리엘 마르셀 또한 완전히 독립적으로 이러한 성찰에 이르렀습니다. 저는 그가 부버의 부성父性을 받아들였었는지는 알지 못합니다. 그러나 마르셀은 부성의 매우 선한 마음씨에 대해 말했습니다. 따라서 저는 천재성의 표출

과 함께 매우 영감을 주는 그의 표현이 지닌 시적 잠재력에도 불구하고 마르셀의 책들이 부버가 주장했던 것들과 매우 가깝다고 생각합니다. 부버의 사유는 세계적으로 널리 알려져 있고 세계 각처에 커다란 영향력을 행사했습니다. 그러나 다양한 측면에서 천재였던 부버는 제게는 매우 낯선 하시디즘에, 유럽적 감성 속 하시디즘을 대부분 포함시킨 주목할 만한 작품을 할애했습니다. 그는 또한 자신의 철학적 사유를 표현한 이야기와 소설을 썼습니다. 저는 그의 훌륭한, 중요한 책 『나와 너』를 꽤 늦게 읽었습니다. 개인 상호 간의 관계는 매우 설득력 있고 탁월한 방식으로 그리고 아주 정교하게 주체-객체 관계와 구별됩니다. 우리는 연관된 누군가에 대해 말할 때 종종 "사소한 것들에 대해, 우리 사이에 차이가 있다"라고 말합니다. 그런 것처럼 우리(부버와 레비나스)를 갈라놓는 중요한 것 또는 사소한 것, 가장 중요한 것이 있죠. 이것은 제가 나-너 관계의 비대칭성이라고 부르는 것입니다. 부버에게, '나'와 '너'의 관계는 곧장 상호성으로 경험됩니다. 저의 출발점은 도스토예프스키입니다. 조금 전 인용해서 당신에게 들려주었던 "우리 각자는 모든 이와 모든 것에 대해 모두 앞에서 유죄이다. 그리고 나는 다른 사람들보다 더 그렇다"라는 도스토예프스키의 문장으로부터 출발했습니다. '내'가 너에게 모든 것을 빚지고 있다는 느낌, 타인을 위한 책임이 감사하다는 느낌, 타자가 항상 **당연히**de droit '나'에 대해 권리를 갖는다는 느낌. 제가 조금 전에 말했던 의무에 따르는 '나', 신의 말씀과 인간의 비참함이라는 이중적 구조를 가진 타인의 얼굴 안에서 지시되는 '나'에 대한 이 모든 것. 이 모든 것이 아마도 부버가 논의하는 것과는 근본적으로 다른 주제를 나타낼 것입니다. 더 많이 상술하고 싶지 않습니다. 저는 머지않아 부버와 저의 관계에 대한 텍스트를 다시 발표할 생각입니다.[15] 저는 몇몇 다른 점들을 지적할 수 있을 것이라 생각합니다. 그러나 핵심적인 것은 우리 사이에 다르게 말하는 방식을 결정짓는 비대칭성이라는 주제입니다. 저는 많은 존경과 세심한 주의를 가지고 부버를 읽었습니다. 그렇지만 제가 그와 의견을 같이하지 않는 경우가 있었습니다. 저를 매우 놀라게 했던 최근의 독서에 대해 말하겠습니다. 저는 부버가 자신의 전기에 관해 작성한 텍스트를 읽었죠. 텍스트에는 그에게 사무엘상 15장 33절과 관련된 질문을 제기하는 매우 경건한 나이 많은 유대인과의 만남이 나옵니다. 이 성서 구절에서, 선지자는 사울 왕에게 성서와 탈무드의 전통 안에서 근본적인 악을 구현하는 아말렉 왕국을 지도와 역사에서 지우라고 명령합니다. 아말렉이 이집트에서 빠져나오는 유대인들, 가까스로 해방된 이 노예들을 비열하게 공격하지 않았습니까? 지금 이야기에서는 역사도 역사성도 문제 삼지 마십시오. 성서에서 과장誇張하는 의미는 이러한 과장의

15 [옮긴이] 이에 대해서는 「부버에 대하여 : 몇몇 노트들」À propos de Buber : quelques notes이라는 제목으로 레비나스의 책 『주체 밖에서』*Hors sujet*에 실려 있다.

맥락 안에서 찾을 수 있습니다. 성서 구절들 사이의 간격과는 상관없이 말입니다. 신명기 25장 19절[16]에 "너의 신, 하나님이 네게 준 나라 주변의 모든 적들을 네게서 쫓아낼 것이다. … 너는 하늘 아래 아말렉의 기억을 지울 것이다"라는 말이 있습니다. 악에 궁극적인 충격을 가하는 것은 악에서 해방된 인간의 의무입니다. 사울은 자신의 임무를 끝마치지 못했습니다. 그는 아말렉의 왕 아각을 살려주고 전리품과 아말렉의 가축들troupeaux 중 가장 좋은 것을 가지고 옵니다. 선지자 사무엘이 해명을 요구하는 장면입니다. "내 귀를 찌르는 양의 울음소리와 소들의 울음소리는 무엇이냐? 이것은 너의 신, 여호와께 바치기 위한 것이다. 하지만 하나님은 제물을 좋아하지 않으시고 우리가 그의 말씀에 따르는 것을 좋아하신다. 우리가 아각을 데려오는 것 말이다." 사무엘은 그 자리에서 아각을 죽입니다. 사무엘의 잔인성, 세상에서 가장 다정한 여인 안느Anne의 아들 사무엘의 잔인성. 부버에게 놓인 질문은 '사무엘이 어떻게 그렇게 할 수 있었느냐?'는 것입니다. 부버의 대답은 '선지자가 신이 그에게 명령했던 것을 이해하지 못했다'는 것이었습니다. 아마도 부버는 자신의 양심이 신의 의지에 대한 책들보다도 자신을 더 잘 가르쳐준다고 생각했을 것입니다. 왜 그가 사무엘상 15장 33절에 나오는 선지자의 말 "네 칼이 어미들을 비탄에 잠기게 한 것처럼 너의 어미도 여인들 사이에서 비

16 [옮긴이] 원문에는 12절로 잘못 표기되어 있다.

탄에 잠기게 될 것이다"를 읽고도 알아차리지 못했을까요. 제가 항상 부버에게 동의하는 건 아닙니다. 이미 당신에게 말했죠. 저는 계속해서 책 중의 책(성서)에 끌리는 지대한 관심 없이는 우리가 양심을 들을 수 없다고 생각합니다. 부버는 그때 아우슈비츠에 대해 생각하지 않았습니다.

**푸아리에** : 저는 이제 당신이 전쟁 직후 만났던 사람, 당신에게 그토록 중요했었던 슈샤니에 대해 말씀해 주시길 바랍니다.

**레비나스** : 저는 전쟁 후 사유의 탁월함과 도덕적 고양高揚으로 비범하기 짝이 없던 한 사람에게 대단히 매여 있었습니다. 몇 년 전 이스라엘에서 돌아가신 분입니다. 그는 여기서 아주 가까이에 살았습니다. 그는 부인과 의사였어요. 앙리 네르송 또는 네르송 박사라고 불리는 사람입니다. 저는 제 책 『어려운 자유』를 그에게 헌정했습니다. 전쟁 직후에 모든 의미에서 비범한, 용어의 문자적인 의미에서도 비범한 이례적인 다른 존재와 저를 교제하도록 한 사람이 네르송입니다. 네르송이 만나게 해 준 다른 존재, 그는 다른 사람과 같지 않았습니다. 그의 모습, 그의 외적 스타일부터가 만인의 이치에 속하지 않았습니다. 그는 부랑자까지는 아니었지만, 매우 평범한 보통 사람들의 말에 의하면 그가 부랑자와 유사한 측면이 있었다고 했습니다. 그의 이름은 슈

샤니였습니다. 그러나 저는 슈샤니가 그의 진짜 이름인지는 확신하지 못합니다. 네르송 박사는 저를 알기 전에 20년 동안 슈샤니의 학생이었음을 인정했습니다. 흐뭇하게 웃으면서 40학기 동안 학생이었다고 말했습니다. 저는 스트라스부르에서 네르송을 알게 되었죠. 네르송은 알자스인이었습니다. 그는 제게 슈사니의 분위기라 할 수 있는 것을 소개해 주면서 또한 경고했습니다. 토라 연구의 멍에를 진 이 사람은 예의에서 벗어나 있는 사람이지만, 여하튼 그럼에도 이 사람은 낯선 고대적인, 그렇지만 훌륭한 격언을 엄격하게 적용할 수 있는 아마도 유일한 인간 개체라고 말입니다. 그의 이름이 바로 슈샤니였습니다. 네르송 또한 이 이름이 스승의 진짜 이름인지를 확신하지는 못했습니다. 개인적으로 한 사람과 관련된 이 모든 것이 자신에게만 흥미로웠다고는 하지만, 네르송은 정해진 상황 안에서 흥미로웠다고 생각했습니다. 이 사람이 지닌 중대함은 뭘까요. 물론 우선적으로 그가 지닌 성서, 유대 텍스트들에 대한 지식이겠지요. 하지만 누가 이 지식을 장점으로 만들기를 감행하겠습니까? 슈샤니는 성서가 불러일으키는 모든 구전들을 속속들이 알았습니다. 그는 탈무드와 탈무드에 달렸던 모든 주석, 주석의 주석들까지도 속속들이 알았습니다. 당신이 탈무드 개론 한 페이지라도 본 적이 있는지 모르겠습니다. 2세기에 쓰여진 미쉬나 텍스트, 이 텍스트(미쉬나)를 논의하는 5세기 말경에 쓰여진 게마라, 10세기에서 11세기까지 있었던 라시의 주석들과 우리가 토사피테라고 부르는 자들에 의한 주석으로 연장된, 거기에 더해 사방에서 전 시대를 걸쳐 행해진 주석으로 된, 그치지 않는 주석들(토세프타)이 있습니다. 인쇄되어 있는 페이지들은 경이로움과도 같습니다. 성격, 참고, 참조, 모든 질서의 복원을 혼합합니다. 제가 참여했던 슈샤니의 수업에서, 스승은 자기 앞에 결코 책을 두지 않았습니다. 그는 모든 것을 속속들이 알았습니다. 그리고 그는 제가 그 앞에서 어느 페이지 가장자리에 있는 토세프타의 작은 글자들을 아주 힘들게 읽거나 해독할 때마다 저를 중단시켰습니다. "들어봐, 너는 거기 줄 끝에 단어 하나를 건너뛰었어!" 그의 수업은 매우 길었지만, 외려 길었기 때문에 흥미진진했습니다. 수업은 새벽 2시경이나 5시 또는 6시 이후에야 끝났죠. 그러나 저는 여기서 당신에게 조금 괴물 같은, 그 사람답지 않은, 이 주목할 만한 천재의 웃기는 측면이나 곡예적인 측면을 이야기할까 합니다. 이것은 사실입니다. 우리는 매우 빨리, 연이어서 바로 텍스트들에 대한 지식이 아무것도 아니었음을 알아차리게 될 겁니다. 암기에 의한, 이 순전히 표면적인 앎 가까이에서 슈샤니는 특별한 변증법적 힘을 지녔습니다. 동시에 사유된 그리고 결합된 다수의 개념들은 그의 예측 불능의 창의력invention 속에서 잔혹한 인상으로 남았습니다. 탈무드 연구자들에 의해 다뤄지는 텍스트들과 글쓰기 방법은 이미 대단히 복잡하고 난해합니다. 그러나 슈샤니는 항상 충족되지 않는inquiète 변증법이 더할 나위 없이 다시 활기를 띠게 하기 위해 텍스트들의 다른 지평으로 향하는 방법을 연장할prolonger 줄 알았습니다. 저는 원전들이 지닌 이 비교할 수 없는 지식 바깥에서, 어떤 의미로는 망망대해의 지식 바깥에서 그가 수학과 현대 물리학의 광대한 문화를 매우 일찍 갖게 되었다는 것을 알았습니다. 슈샤니는 아메리카의 몬테비데오(우루과이의 수도)에서 죽었습니다. 파리에서 그가 사라진 후, 저는 그가 그곳에서 핵물리학 수업을 했다는 것을 알았습니다. 제가 당신에게 이미 말했듯이, 그는 일상적인 방식에 낯선 사람입니다. 우리는 그가 무엇으로 먹고사는지 자문했습니다. 확실히 강의였겠죠. 그러나 때때로 그는 토라가 "좋은 평판"을 받았던 그리고 토라의 탁월한 역할을 인정받을 수 있었던 동유럽 유대인 구역의 파괴된 공동체 출신의 부유한 애호가를 사로잡았던, 자신의 학문의 추종자를 찾았습니다. 그렇기에 그 부유한 애호가는 슈샤니를 차지해 그가 강의를 해 준 대가로 잠자리, 식사 그리고 하인을 보장했을 것입니다. 하지만 어느 한순간, 슈샤니는 "**됐어요!**basta"라고 말하고 사라져 버립니다. 그는 돈을 지불하든 지불하지 않든 다양한 계층의 다른 사람들을 찾았을 것입니다. 슈샤니는 제 집에서는 방 하나를 얻는 것을 수락했습니다. 그는 일주일에 한 번 또는 두 번 방으로 왔습니다. 이것은 2년 또는 3년 정도, 수년간 계속되었습니다. 당신에게 정확하게 말할 수 없습니다. 어느 날 그는 안녕이라는 말도 없이 떠났습니다.

**푸아리에** : 몇 년 동안이었습니까?

**레비나스** : 바로 전쟁 다음 해부터죠, 대략 1946, 1947년…. 그는 안녕이라는 말도 없이 사라졌습니다. 얼마 후, 어느 밤 11시에 벨이 울렸습니다. 저는 문을 열러 나갔고, 그가 말했습니다. "나다!" 그는 다시 한 번 사라졌습니다. 그리고 우리는 그가 죽었다는 몬테비데오에서 그의 흔적을 찾았습니다. 바로 그것이 이 사람이었습니다. 누군가에게는 재능의 영역일 성서와 주석들이 그 자신에게는 전혀 아니었던 누구. 항상 그의 지혜의 궁극적 의미를 파악할 수 없었고, 우리는 그가 변증법에 대해 완벽하게 기술할 때 깊은 인상을 받았습니다. 불안, 감탄 그리고 불면을 만드는 이 교제 가운데서 제게 남아 있는 것이 무엇일까요? 랍비의 지혜와 "그저" 인간을 위한 지혜의 의미화로의 새로운 접근입니다. 유대교, 이것은 성서가 아닙니다. 이것은 탈무드를 통해, 지혜를 통해, 랍비들의 종교적 질문과 삶을 통해 이해된 성서입니다. 이 학문은 두 가지 양상을 갖습니다. 우선 의무와 법적 삶에 관계된 모든 텍스트, 정확히 말해 율법을 발전시킨 텍스트가 있습니다. 우리는 이것을 할라카라고 부릅니다. 누구는 이를 일상의 행동으로 규정합니다. 종교적인 것, 정치적인 것, 사회적인 것으로 말이죠. 많은 결의론은 모든 문제를 까다롭게 만듭니다만, 명백히 근본적인 문제의 모든 소여所與들을 변화시키는 새로운 전망을 드러냅니다. 개념

의 추상화보다 오히려 예例를 통해 처리하는 사유. 이는 근본적인 부분, 확실히 탈무드의 가장 어렵고 고된 부분입니다. 동시에, 이것은 우리가 하가다적hagadique이라고 부르는 부분을 포함합니다. 하가다는 이야기, 전설적인 이야기를 의미합니다. 이것은 아마도 그리스도교 시대의 초창기에 태어난 혹은 적어도 반복된 전통의 변화, 매우 먼 옛날의, 매우 유서 깊은 변화입니다.

**푸아리에** : 법전 형태의 텍스트들과 전설적인 이야기 사이의 차이를 명확하게 말해 주실 수 있습니까?

**레비나스** : 제가 당신에게 말했던 것처럼 법률적인 부분 옆에 우리가 하가다적이라고 부르는 구절들이 있습니다. 그리고 이것은 전설적인 형태의 이야기들로 된 구절이고 구약성서의 역사적 부분들에서 이야기된 많은 역사를 연장한 구절들이기도 합니다. 주어지지도 언급되지도 않은 대화이고, 그리고 또한 어느 정도 교훈을 주는 특징을 가진 대화들입니다. 하지만 동시에 이것은 율법 자체의 형이상학적 혹은 철학적 연장prolongement을 말하는 하가다적인 형태에서 그렇습니다. 우리(유대인)는 당신에게 우리가 이집트를 떠났던 때에 모세가 성스러운 땅으로 요셉의 유해를 가지고 돌아오기 위해 그의 유해를 어떻게 찾았는지 말할 수 있습니다. 이런 이야기가 유대인을 넘어서는 아무런 의

미도 가지지 않을까요? 요셉은 상당 기간 망명했음을 나타내고, 우리가 그의 유해를 운반해야만 하는 약속의 땅에 충직하게 남아 있는 뛰어난 경제적 경영의 지혜를 나타내지 않습니까? 이 모든 암시가 중요하지 않습니까? 우리가 요셉을 데려가려고 애썼던 이 급박한 순간에 어떤 상황이 발생했나요? 이 서두름 자체는 성서 이야기에서보다 훨씬 더 완전한 방식으로 이야기됩니다. 결국, 저는 역사 그-자체를 당신에게 말할 수 없지만 당신에게 하가다의 한 예를 들 수는 있습니다. 당신도 탈무드 안에 나오는 세부 묘사가 상징적인 의미화를 갖는다는 이야기를 아마도 알 것입니다. 그러나 이 이야기는 우리가 항상 몰두하지 않는 의미화를 가집니다. 이 부분들을 진전시키거나 해석하는 슈샤니의 능력은 매우 인상적이었습니다. 저는 제가 순전히 법률적 텍스트들을 해석해야만 하는 많은 방법을 그에게서 배웠는지는 모르겠습니다. 그러나 제게 남은 것이 있었습니다. 내용이 아니라 하가다의 이야기에 접근해야 하는 방식이 남았습니다. 그리고 저는 이것에 많이 전념했습니다. 우선 탈무드 텍스트로 되돌아가면서 그리고 텍스트를 이해하려고 노력하면서 말입니다. 저는 결코 그것에 대한 책을 만들 생각이 없었습니다. 하지만 그것을 가르치게 되리라 알았습니다. 특히, 저는 이러한 정신을 가지고 매주 토요일 오전 11시부터 정오까지, 제가 예전에 운영했던 학교에서 강의를 했습니다. 저는 그가 제게 주 1회 텍스트에서 찾기를 가르쳤던 영감을 이런 관점에서 탐구하면서 해설합니다.
유대인의 예식에서, 아마 당신도 모세 오경을 알 텐데요. 모세 오경은 1년 동안의 안식일에 상응하는 50 또는 52의 배열séquence로 나뉩니다. 저는 매주의 배열에서 몇몇 성서 구절들을 택합니다. 학교 학생들 앞에서 그리고 슈샤니의 정신을 듣고 계승하러 오는 모든 사람들의 집단 앞에서 해설하기 위해서 말입니다.
정말 겸손하게, 우리는 그 자체로 대수롭지 않고, 이 사람 옆에서 우리는 아무것도 아닙니다. 저는 그에게서 배웠던 것에 대해 매우 감사합니다. 아보트 논설의 하가다적 텍스트에 이러한 문장이 있습니다. "현자들의 말씀은 불이 붙어 있는 재와 같다." 우리는 왜 불꽃이 아니고 재인지 자문합니다. 이것은 우리가 재 위로 입김을 부는 법을 알고 있을 때만 불꽃이 되는 것입니다! 저는 입김을 부는 법을 거의 알지 못했습니다. 입김을 부는 방법에 의문을 제기하는 위대한 정신들이 항상 있었습니다. 그들은 말합니다. 보십시오. 그는 텍스트에서 텍스트 안에 있지 않은 것을 끌어냅니다. 그는 텍스트에 의미를 불어넣습니다…. 하지만 우리가 괴테, 발레리, 코르네이유와 함께 그렇게 할 때, 비평가들은 이것을 용인합니다. 우리가 성서와 함께 그렇게 할 때 이것은 그들에게 훨씬 더 터무니없는 것처럼 보입니다. 이러한 비판적 정신들에 의해 설득되지 않기 위해 슈샤니를 만났어야만 합니다. 슈샤니는 저를 가르쳤습니다. 본질적인 것,

발견된 의미는 그것의 지혜에 의해 의미를 드러내는 탐구를 해야 할 가치가 있다는 것이죠. 텍스트는 당신에게 이것을 시사합니다.

**푸아리에** : 슈샤니를 만났을 때, 당신은 유대교와 어떤 관계였나요?

**레비나스** : 당신이 알고 있듯, 저는 항상 유대인이었습니다. 유대교를 인간성의 주요한 모험으로 간주하면서, 유대교의 종교적, 역사적 모험에 항상 열렬한 관심을 가졌었다고 말하고 싶습니다. 저는 아우슈비츠에 있지 않았습니다. 그러나 결국 아우슈비츠에서 모든 가족을 잃었습니다. 저는 아직도 기이한 가르침, 신은 제가 아우슈비츠의 가르침이라고 말하는 것을 용서할 겁니다. 그런 가르침이 없는지도 자문합니다. 신앙의 시작은 결코 약속이 아니라는 기이한 가르침. 신앙은 그러므로 우리가 설교할 수 있는 어떤 것이 아닙니다. 왜냐하면, 약속 없이 어떤 것을 설교하기, 즉 약속 없이 어떤 것을 타자에게 권하기란 어려운 일이기 때문입니다. 하지만 우리는 자신에게는 이 가르침을 설교하고 요구할 수 있습니다. 제가 항상 여기에 동의한다고 말하지는 않겠습니다. 제가 당신에게 말했던 대칭성과 비대칭성에 대한 모든 것을 상기해야 합니다. 아우슈비츠를 감당하고, 신을 부인하지도 않으면서, 자기-자신에게 아마도 이것

을 요구하도록 말입니다. 그러나 아마도 아직, 바로 그러한 이유로 죽음에 이른 자들의 절망과는 모순되는 모욕이 있을 것입니다. 우리는 자기-자신에게조차 약속 없는 종교를 대담하게 말할 수 있는지 자문할 수 있습니다. 확실히 저의 유대교에서 홀로코스트의 역사는 이 사람(슈샤니)과의 만남보다 훨씬 더 큰 역할을 했습니다. 그러나 이 사람과의 만남은 제게, 책 속에서 신뢰를 되찾게 해 주었습니다. 제가 지금 사용하는 이 표현, "의식, 내재성보다 더 깊은 것, 이것은 책이다"라는 말은 그와 함께한 당시 떠올랐습니다. 저는 오늘 아침 부버에 대해 대화를 나눌 때, 당신에게 부버가 자신의 양심conscience이 책보다 (아우슈비츠에 대해) 더 많이 안다고 생각하는 것에 대해 제가 분개했음을 말했습니다. 이것은 제가 지금 막 당신에게 말한 책의 의미화와도 연관이 있습니다.

**푸아리에** : 이 시기 이후 당신의 성찰은 어떻게 진전되었나요? 변한 것, 계속되는 것, 깊이 파고든 것은 무엇입니까?

**레비나스** : 이러한 종합 평가는 짐짓 꾸며진prétentieux 것입니다. 평가는 항상 다시 해야 합니다. 저는 그래도 제가 현상학적 방법이라고 부르는 것에 아직 매우 충실한 채로 있습니다. 그러나 아마도 분석 안에서 제가 타자성에 부여하는 이 중요성이 제게는 성서의 분석을 재개하는 작금의 방법에

서 더 많이 생기는 것으로 보입니다. 성서, 우리는 여기서 다른 어떤 것을 찾을 수 있습니다! 그러나 성서는 우선 우리에게 다른 사람에 대해 말합니다. 그리스도교인들 또한 다른 사람을 말합니다. 그리고 성서는 존재 자체의 집착에서 우리를 떼어놓습니다. 여하튼, 우리가 타자를 만나는 성서의 모든 구절은 제게 본질적인 것 같습니다. 자, 저는 더 이상 설교 안에 있지 않습니다. 저는 고백 안에 있습니다! 경계해야만 하는 것은 다른 유형입니다….

**푸아리에** : 우리는 당신이 지적인 현실성, 동시에 일반적인 현실성과 어떤 관계에 있는지 그다지 많이 알지 못합니다. 저는 특히 예를 들어 우리가 구조주의라고 불렀던 것을 함께 생각합니다.

**레비나스** : 구조주의는 아닙니다. 저는 오늘날에도 아직 구조주의를 이해하지 못합니다. 확실히 금세기 가장 뛰어난 지성은 레비-스트로스입니다. 그러나 저는 그의 전망의 절정이 어디에 있는지 전혀 보지 못합니다. 확실히 도덕적인 관점에서, 그의 전망의 절정은 우리가 탈식민주의 그리고 지배적인 유럽의 종말이라고 부르는 것에 대해 대답합니다. 그러나 저의 반응은 원초적입니다. 저는 그것을 압니다. 이것은 원시적인 것보다 더 나쁩니다. 우리가 야만적 사유가 받아들이거나 수행하는 복잡함과 복합성이 무엇이든지

간에, 아인슈타인의 과학적 지성을 야만적 사유와 비교할 수 있습니까?
과학적 사유와 과학적 사유를 통한 소통의 세계가 어떻게 서로 비교될 수 있습니까? 분명 저는 제대로 읽을 수 없었습니다. 이것은 확실히 제 마음을 끌 수 있었던 구조주의는 아닙니다. 저는 구조주의가 놀라운 영향력을 가졌음을 압니다. 구조주의를 매우 진지하게 받아들이는 리쾨르 같은 우리 시대의 가장 훌륭한, 매우 뛰어난 지성들이 있습니다.

**푸아리에** : 그러나 1945년부터 오늘날까지 당신의 마음을 끌었던 것, 이렇게 말해도 좋다면 지적인 또는 정치적인 어떤 사건이 있었습니까?

**레비나스** : 저는 현상학의 대가들 말고는 특별히 저를 가르쳐 준 슈샤니의 텍스트를 읽었습니다. 제게는 이것이 훨씬 더 중요해 보였습니다. 레옹 브룅슈비크의 텍스트들과 관련한 기억들이 있습니다. 게다가 블랑쇼, 장 발, 리쾨르, 데리다와 바실리 그로스만 그리고 이스라엘 소설가 아그논을 읽었습니다.

**푸아리에** : 우리에게 당신의 교수 경험에 대해 말해 주실 수 있을까요? 저는 가르침이라는 주제가 당신에게 소중하다는 것을 알고 있습니다. 어떻게 교수가 되겠다는 생각을 하셨나요?

**레비나스** : 저는 수업을 준비하는 데 많은 어려움에 봉착했습니다. 텍스트에 의해 주석 안으로 이끌리게 되었을 때가 저는 훨씬 더 기분이 좋았습니다. 체계적인 수업의 구성, 모든 질문과 반박의 예측은 제게는 항상 추상적이고 인위적인 것 같았습니다. 저는 예전에 농담으로 고등교육의 교수 직위에 만약 수업이 없다면 대단히 좋을 것이라고 말했습니다. 이것은 연구의 방해가 되는 수업과 관련된 말입니다. 특히 고유한 어떤 것을 전달하고자 하는 가르침에 대해, 즉 저는 완전히 새로운 어떤 것을 말하는 것이 아니라 독창적인personnel 어떤 것을 찾으라고 말하는 것입니다. 보고 또 다시 보고 강의 노트를 원숙하게 해야만 합니다. 우리가 교수일 때 우리가 자문해야만 하는 모든 문제들을 극복했던 이 방법은 어려운 것이고 또한 다소 걱정스러운 것입니다. 반대로, 다른 누군가에 의해 사유되는 모든 것, 비록 미해결의 질문들이 놓일지라도, 이것은 오히려 환영받습니다. 이것은 준비하기가 훨씬 더 재미있습니다. 훌륭한 강의 준비는 가르치는 일 중에서 어려운 것입니다. 저는 항상 모든 것을 해결한 것처럼 비상하게 수업을 준비하는 동료들에게 감탄합니다.

가장 흥미를 끄는 부분, 이것은 당신의 청중에게 만큼이나 당신에게 동일한 질문들을 제기하는 텍스트의 설명, 감춰진 질문들을 되살리려고 노력하는 텍스트의 설명입니다. 이를테면, 불꽃이 솟아오르게 하기 위해 불이 붙어 있는 재들 위로 입김을 불어넣어야만 합니다. 저의 공식적인 경력은 이렇습니다. 낭테르에 있다가 알키에가 저를 낭테르에서 불러들였던 소르본에서 1976년까지 강의한 후 그만두었습니다만, 대학의 요청에 따른 세미나로 인해 임기는 1984년까지 연장되었습니다. 저는 이 세미나에서 거의 언제나 후설의 주제들을 택했습니다. 저는 몇 년간의 제 정규 수업 이후 후설의 연속성을 확실히 실행했습니다.

저는 또한 1년 동안 미셸 앙리의 대단히 특별한 책 『나타남의 본질』*l'Essence de la manifestation*에 대하여 세미나를 했습니다.

정규 수업 동안, 저는 탄생을 뛰어넘으면서, 이미 생겨났었던 것처럼, 생겨난 사물들에 대해 말하는 이 어려움과 더불어 항상 존재론의 문제들에 접근했습니다. 후설의 주제들은 또한 후기-후설주의의 현실성의 지평을 만들 수 있게 해주었습니다.

**푸아리에** : 1946-1986년 시기에 시대의 이념, 학파, 학설이 있었습니다. 이 모든 운동을 어떻게 헤치고 나아갔습니까? 운동들은 당신에게 흥미로웠나요 혹은 무관심했습니까?

**레비나스** : 참여하기보다는 오히려 열람자나 방관자로 있었습니다.

**푸아리에** : 그러나 모든 사람들이 마르크스주의자였고, 사

르트르주의자였고, 구조주의자였던 시대의 예외적인 이 커다란 진지함이….

**레비나스** : 저는 덜 놀랐습니다. 저는 잘 알지 못하는 것에 마음을 빼앗기기보다는 제 연구에 더 충실했습니다. 저는 당신에게 지적 활기와 현실에 대한 관심에서 찾은 즐거움에 대해 사르트르에게 감사한 마음을 말했습니다.
메를로-퐁티와 젊은 현상학자들, 리쾨르 같은 학자들이 제 시선을 더 많이 끌었습니다. 그러나 1946-1986년, 즉 40년 동안의 본질적인 계기들이라고 모든 사람들이 인정하는 것을 다시금 열거할 필요가 있을까요?
제게 매우 깊은 인상을 주었던 위대한 책, 그것은 바실리 그로스만이 쓴 책입니다. 저는 이 책을 러시아어로 읽었습니다. 러시아 원본에서 번역된 제목은 『삶과 운명』*Vie et Destin* 입니다. 이 책을 꼭 말해야 하겠습니다. 그로스만은 위대한 소설가로서도 중요성을 지니지만 그것이 아니더라도 매우 중요합니다. 그는 특정 유럽의 종말, 체제 대신에 자선을 설립할 희망의 결정적 종말의 증인입니다. 스탈린주의의 공포 속에서, 사회주의의 종말은 현대 유럽의 가장 큰 정신적 위기입니다. 마르크스주의는 이타성을 나타냈습니다. 우리가 마르크스주의의 토대인 유물론의 교리를 이해하는 방식이 무엇이든 말입니다. 마르크스주의에는 타인에 대한 인정이 있습니다. 타인 그-자신이 이 인정을 위해 싸워야만

한다는, 타인이 이기적이 되어야만 한다는 생각이 확실히 있습니다. 그러나 고귀한 희망은 모든 것을 **치유하는** 데 있고 개인적인 자선의 우연을 넘어서 악이 없는 체제를 창설하는 데 있습니다. 그런데 자선의 체제가 스탈린주의가 되었고 히틀러의 공포가 되어 버렸습니다. 이러한 사실을 거기에 있었던, 초창기의 열정에 참여했던 그로스만이 보여주는 것입니다. 절대적으로 명백한 증언과 전적인 절망을요.

이 책(『삶과 운명』)에는 또한 긍정적인 어떤 것이 있습니다. 긍정적으로, 잔잔하게 위안을 주는, 놀라운 선함이 분명히 있습니다. 체제 없는 선함, 선함의 기적, 남아 있는 유일한 것. 하지만 선함은 어떤 예외적인 행위에서 나타납니다. 예를 들어 이 책 말미에 나오는 인물 가운데 한 명인데요. 패전한 독일군을 향해 흥분된 군중들 속에서 가장 적의를 품고 있는, 복역자들 그룹에서 가장 미움을 많이 받은, 가장 불행한 한 여인이 자신의 마지막 빵 한 조각을 독일군에게 주는 이 특별한 행동처럼 말입니다. 포로들이 자신들을 고문했고 말살했던 자들의 시체를 동굴에서 꺼내는 소름 돋는 장면도 있지요. 여기에 모든 체계와 무관한 선함의 행위가 있습니다. 비인간적인 세계에서의 선함의 장면들, 이 책에는 이런 장면들이 산재해 있습니다. 고결한 독자를 위한 고결한 책으로 변환시키려 하지 않고도 말입니다. 소설을 관통하는 사랑의 관계intrigue는 인간 존재에서 인간 존재로 가는 이 순수한 선함에 의해 지배됩니다. 동시에, 이것은 마르크스주의의 스탈린주의화의 종말을 묘사합니다. 저는 루비아나Loubiana 거리의 쪽문guichet, 갇힌 친구 또는 부모에게 무언가를 전달할 수 있는 모스크바의 유일한 쪽문에서 기다리는 사람들이 묘사되는 특별한 장면에 대해 생각합니다. 그들은 줄을 섰습니다. 바실리 그로스만은 이 줄에서 자리를 차지한 한 여인이 사람들의 목덜미에서 목덜미가 얼굴이 되는 그들 영혼의 불안을 읽는 것에 대해 이야기합니다. 놀라운extraordinaire 이행….
『삶과 운명』에는 또한 가혹한 명료함이 있습니다. 체제의 변화만으로는 인간적인 드라마에 대한 해결책이 될 수 없다는 것이죠. 구원의 체계가 없다는 것입니다. 남아 있는 유일한 것, 그것은 인간 대 인간의 개별적인 선함입니다.
당신은 제가 그로스만을 읽기 훨씬 전에 썼던 작품 『전체성과 무한』에서 "선함"이라는 단어를 발견할 것입니다. 윤리적 체계 없는 윤리 말이죠.

**푸아리에** : 이제 거의 대담을 끝낼 때가 되었습니다. 국가로서의 이스라엘, 당신에게 이스라엘은 하나의 확실성, 문제, 기쁨, 희망, 근심의 근원입니까? 당신에게 이스라엘 국가의 존재는 무엇을 나타냅니까?

**레비나스** : 당신은 이 질문에 너무나도 생생한 많은 감정이 참여하도록 하네요! 저는 오직 현재 상황에서 국가라는 것

이 민족과 문화로서 이스라엘이 계속 존재할 수 있는 유일한 형태라고 말하겠습니다.

**푸아리에** : 이스라엘이 존재하는 방식은 당신이 세계를 주시하는 방식과 관련해 당신에게 문제들을 제기합니까?

**레비나스** : 저는 당신에게 제가 말할 수 없는 많은 것들이 있다고 말하겠습니다. 왜냐하면 저는 이스라엘에 있지 않으니까요. 이스라엘에 있지도 않으면서, 이 고귀한 모험과 이 일상의 큰 위험을 무릅쓰지 않으면서 이스라엘에 대해 말하는 것을 저는 스스로 금합니다.

**푸아리에** : 오늘날, 특히 유럽과 프랑스에서 유대교 연구가 부흥하고 있습니다. 그리고 에마뉘엘 레비나스는 불가피한 참조 사항이 되었습니다….

**레비나스** : 저는 당신에게 이 참조와 관련해서는 그러한 인상을 받지 않았다고 꼭 말해야겠습니다. 여하튼, 제가 이 참조의 역할을 맡기를 시도했었다면, 이 역할이 저를 억눌렀을 것입니다. 제 생각에 이 역할을 하기 위해서라면, 제가 탈무드의 할라카 텍스트에 더 가까이 있어야 했을 것입니다.

**푸아리에** : 그러나 인용하지는 않겠지만, 일련의 10여 명이

유대교의 부흥, 이것을 이끌었던 것이 에마뉘엘 레비나스의 작업이다라고 한 것을 잘 알고 있을 겁니다. 당신은 그 점에 대해 눈길이 갑니까?

**레비나스** : 아닙니다. 실제로 제가 그것에 대해 무관심하다고 당신에게 꼭 말해야겠습니다. 겸손해서가 전혀 아니고요. 정말로 저는 유대교의 부흥을 위해서 더 많은 것이 필요하다고 생각합니다.

**푸아리에** : 아직 유대교의 부흥이 없다고 말하고 싶으신 겁니까?

**레비나스** : 아닙니다. 더 많은 것이 필요합니다. 아마도 제 이야기 안에 폭넓음이 있겠지만 여기서 발견되어야만 하는 모든 것은 아직 강조되지 않았습니다. 우리가 나타낸 것을 되풀이하는 사람들, 열림이 일어나야만 하는 곳에 들어가지 않는 사람들을 종종 경계해야만 합니다.
저는 달리 말할 수 없습니다. 달리 그것을 말하는 것이 무분별해서가 아니라 이것이 현실일 것이라고 생각하기 때문입니다. 저는 제 분석에서 나타나는 그리고 인용이 아닌, 성서 구절에서 참조한 것이 아닌 몇몇 것들이 아마도 제가 인용한 텍스트의 반복보다 오히려 상당한 중요성을 가질 것이라고 생각합니다.

**푸아리에** : 제자들은 있으신가요?

**레비나스** : 모르겠습니다! 친구들은 많이 있습니다. 약간의 친구들, 용어에서 모순적인 것을 피한다면, 약간의 친구들이 있습니다.
당신에게 말했던 친구, 몇 년 전 이스라엘에서 죽은, 매일같이 그리운 네르송 박사가 있습니다.
저는 그와 함께일 때 용기를 내었습니다. 그는 제게 유대 전통 책들 안에 있는 절대적인 신뢰를 전해 주었습니다. 그리고 그의 스승 슈샤니는 저에게는 그만큼은 아니었지만, 그에게 **저항**을 보여주었습니다.

**푸아리에** : 혼자 있는 것이 당신을 덜 풍요롭게 하는 것 같습니까?

**레비나스** : 네… 들어보세요. 저는 제 책을 읽는 사람들을 낙담시키고 싶지 않습니다. 이것은 제가 작은 것에 만족해서 그런 게 전혀 아닙니다. 저는 제가 그들에게 해야만 하는 것이 그들을 위해 할 수 있는 것보다 훨씬 더 많다고 말하는 것입니다.

에마뉘엘 레비나스의 텍스트

비지향적 의식

앙리 네르송

# 비지향적 의식*

## 1. 방법

철학적으로 진전한다는 의미는 그것을 설명하려고 애쓰는 때와 장소에 따라 관통하는 의미를 향해 변화한다. 이러한 변화는 오로지 우리가 이러한 변화를 포함하고 판단할 수 있는 외부로부터 일어난다. 연구자 그-자신에게는 상황 판단을 정확히 하려고 애쓰며 멈춤에서조차 자신을 몰두하게 하는 주제들을 기술하는 방편만이 남는다.

나의 글쓰기는 확실히 후설에게서 비롯되었다. 내가 의식을 고취하는 지향성의 개념 그리고 특히 사유가 사유된 것에 흡수될 때 희미해지는 **의미의 지평들**에 대한 생각, 이것들이 항상 존재의 의미를 갖는다는 것. 이런 것들이 내가 후설에게 빚지고 있는 것이다. 지향적이라고 불리는 분석

* 이 글은 한편으로는 독일 프라이부르크에 있는 헤르더Herder사에서 출간된 『현대 사회의 기독교 신앙』*Christlicher Glaube in der modernen Gesellschaft* 안에 수록된 '대담'에 대한 우리의 연구에서 차용한 텍스트를 사용했다. 다른 한편으로는 블랑쇼를 위한 권호 안에 「인내의 연습」이라는 제목으로 출간된 글을 사용했다.

이 반성réflexion 안에서 "잊혀진" **사유**에 관심을 가질 때, 그리고 **존재자**와 **존재**의 지평들을 다시 살아나게 할 때 발견하는 **의미의 지평들**. 이런 것들을 나는 우선 후설에게 빚지고 있다. 또한 하이데거에게도 이러한 분석의 원리들, 예문들, 그리고 우리가 이 지평들을 어떻게 발견하고 어떻게 이 지평들을 찾아내야만 하는지 그가 내게 가르쳐 준 형식들 따위를 빚지고 있다. 내게는 이것이 바로 모든 것이 속해 있는 대원칙이 강화되는 현상학의 본질적인 기여이다. 사유된 것은—대상, 주제, 의미—사유하는 사유를 따른다. 그러면서 또한 사유의 나타남의 주체적인 구성을 결정한다. 존재는 그것의 현상들을 결정한다.

이 모두는 구체성의 새로운 양상을 고정시킨다. 현상학을 위한 이 구체성은 일상적 의식의 자연스러운 추상적 개념들을 병합하고 지지한다. 또한 학적인 의식, 대상에 의해 흡수된 의식, 대상 안에 얽매인 의식의 추상적 개념들도 병합하고 지지한다. 이로부터 개념들을 발전시키는 새로운 방식 그리고 하나의 개념에서 다른 개념으로 이행하는 새로운 방식—경험적 과정으로도, 분석적, 종합적 또는 변증법적 추론으로도 환원되지 않는 새로운 방식—이 도출된다.

그렇지만 정신이 행하는 이러한 구체성의 현상학적 분석에서—오래된 서양 전통에 따른—이론 철학의 특권, 재현과 앎의 특권이 후설에게서 나타난다. 그리고 그때부터 존재의 존재론적 의미가 나타난다. 마찬가지로 우리가 후설의 저작에서 차용할 수 있는 모든 상반되는 제안들에도 불구하고 말이다. 비이론적 지향성, 생활세계Lebenswelt의 이론, 고유한 신체의 이론과 메를로-퐁티가 강조할 수 있었던 것. 이 점이—1933년에서 1945년까지 전개되었던 사건들, 앎이 피할 줄도 이해할 줄도 몰랐던 그러한 사건들에서—나의 반성이 후설의 초월론적 철학에 대한 최근 입장에서 또는 적어도 그의 정식화에 대한 최근 입장에서 비켜나는 이유이다.

여기에 내가 알려 주기 위해 특기하고자 하는 점들이 있다. 뒤이어서 타인에 대한 태도의 우선권의 표명을 드러내는 관점들도 있다. 몇 년째 나를 사로잡았던 그리고 후설이 상호주관성 연구에서 개입시키는 **지향성**에 부합하는 앎의 구조들과는 관련되지 않는 주제의 우선권을 표명하려고 드러내는 관점들이 있다. 나는 거기서부터 근본적으로 다른 방식의 사유에 집착하는 **의미**의 개념으로 끝맺음을 할 것이다.

## 2. 현상학과 앎

(후설로부터) 물려받은 철학은 기원 또는 이치적인 것의 본래 장소를 설정하고 정신을 분간하는, 앎으로서의—자기의식으로까지 나아가는—정신 현상 속에서 가능하다. 인간

의 정신 현상 속에서 일어나는 모든 것, 여기에서 일어나는 모든 것이 결국에는 알려지지 않겠는가? 억눌린 또는 변질된 비밀과 무의식은 잃어버렸던 혹은 상실된 의식에 의해 여전히 평가되거나 회복된다. 모든 체험은 당연히 **경험**으로 일컬어진다. 경험은 앎의 통일성으로 수렴되는 "받아들여진 수업"으로 바뀐다. 경험의 차원 그리고 경험의 양상이 무엇이든, 예를 들어 명상, 의지, 정감성affectivité 또는 감성과 오성 또는 외부 지각, 자기의식 그리고 자기성찰 또는 객관화하는 주제화 그리고 정해지지 않은 것의 친숙함 또는 1차·2차 특성, 운동 감각 그리고 체감, 그 어떤 것이라도 말이다. 이웃, 사회단체 그리고 신과의 관계는 여전히 공동체적인 그리고 종교적인 **경험**일 것이다. 심지어 **살아 있음**vivre의 미확정으로, 순수한 **존재**·순수한 실체의 형식으로 환원된 정신 현상psychisme은 **시각**과 느낌의 방법으로 이것 또는 저것을 **체험한다**. 마치 **살아 있기**와 **존재하기**가 타동사였던 것처럼, **이것**과 **저것**이 목적보어였던 것처럼. 이것은 아마도 『성찰』에서 데카르트가 한 **코기토**라는 표현의 폭넓은 용법을 정당화하는 함축적인 앎이다. 그리고 이 표현은 일인칭에서 모든 앎이 그 자체로 충분한 자아의 **통일성**을 나타낸다.

앎으로서, 사유는 사유할 수 있는 것, 존재라고 불리는 사유할 수 있는 것을 대상으로 한다. 존재를 대상으로 하면서, 사유는 사유 바깥에 있다. 그러나 완벽하게 사유-자체 안에 머물거나 또는 사유-자체로 복귀한다. 외재성 또는 자기의 타자성은 내재성 안에서 재개된다. 사유가 아는 것 또는 경험 안에서 사유가 배우는 것은 **타자**이고 동시에 사유의 특성이다. 우리는 우리가 이미 아는 것, 그리고 환기될 수 있는, 재-현할 수 있는 기억으로 사유의 내면성 안에 삽입된 것만을 습득한다. 어렴풋한 기억과 상상은 시간에 종속된 경험 안에서 잃어버린 또는 단지 도래할 것의 공시성과 통일성으로 실행된다.

우리는 후설에게서 현전의 특권과 현재와 재현의 특권을 발견한다.

시간의 통-시성은 거의 항상 공시성의 상실로 해석된다. 미래의 생성은 마치 미래의 시간화가 오로지 일종의 장악이나 만회의 시도였던 것처럼, 마치 미래의 생성이 오로지 현재의 시작이었던 것처럼 미래 지향으로부터 이해된다.

배움으로서의 사유는 장악하기, 파악하기, 배운 것을 통달하기와 소유를 포함한다. 배움의 "파악하기"는 순전히 은유적이지는 않다. 이는 기술적인 존재사건technique intéressement 전부터, 이미 육화된 실천의 개요이고 "장악"이다. 현존은 지금 행해진다. 가장 추상적인 교훈은 "삶의 세계"의, 많이 알려진 **생활세계**Lebenswelt의 사물들에 대해 손에 의한 전적인 모든 지배를 필요로 하지 않는가? 인식하는 자아에 나타나는 존재는 단지 가르치지 않는다. **사실 그 자체로** 자아에 주어진다. 이미 지각은 파악한다. 그리고 **개념**Begriff은 지배에서 비롯한 이 의미를 보존한다. "**주어지기**"는―"술잔에서 입술까지의"[1] 간격을 요구하는 어떠한 노력도―생각하는 사유에 따르고 "초월"을 통해 소유와 향유, 만족을 사유에 약속한다. 마치 사유가 사실상 생각하는 것과 합쳐질 수 있는 데에 상응하여 생각했었던 것처럼. 사유의 내재성과 자기 충족의 정신 현상. 이것은 명백히 세계의 현상 그것이다. 사유할 수 있는 것과 사유하는 것 사이를 파악하는 데 동의가 보장된다는 사실, 현상의 나타남이 또한 **주어짐**인 사실, 현상의 인식이 만족인 사실. 마치 사유가 욕구를 충족시켰던 것처럼. 이것은 아마도 후설이 사유와 세계 사이의 상관관계 **일반**인 상관관계를 명시할 때 표현하는 것이다. 후설은 목적의 기준을 충족시킴으로써, 공허한 지향성을 채움으로써 가장 완전한 형태에서의 이론적인 앎―객관화하는 그리고 주제화하는 앎―을 기술한다.

모든 서양 정신의 경향이 흘러드는, 모든 서양 정신의 수준이 나타나는 헤겔의 작품은 절대적인 앎의 철학인 동시에 충족된 인간의 철학이다. 사변적 앎의 정신 현상은 그것의 잣대로 생각하는 사유를 구성하고, 사유할 수 있는 것과의 일치에서 자기-자신에게 필적하고, 자의식이 될 것이다. 이것은 타자 안에 다시 처하는 동일자이다.

사유의 활동은 모든 타자성을 제압한다. 이는 결국 사

---

1 [옮긴이] 프랑스 속담으로 "술잔에서 입술까지"라는 표현이 있다. Il y a loin de la coupe aux lèvres. 꿈[희망]은 좋으나 현실은 멀다는 뜻이다.

유에 합리성 자체가 있다는 점에서 그렇다. 개념적인 종합과 공감각synopsie은 타자로서, **이전**, **이후**로서 주어지는 것의 분산과 불일치보다 더 강력하다. 이것은 주체와 **나는 생각한다**의 초월적 지각aperception의 일체성을 참조케 한다. 헤겔은 이렇게 썼다.

"이것은 본래 지각의 종합적인 통일로서, **나는 생각한다** 또는 자기의식의 일치로서 **개념의 본질**을 구성하는 통일성을 발견하는 데 있는 것에 속하는 『순수이성비판』의 가장 깊은 그리고 가장 넓은 시각에서이다." _ 『논리학 II』, p. 221.

인식의 체계에서 식별하고 동일시하는 존재와 혼동될지라도, **나는 생각한다**의 통일성은 앎으로서의 정신이 지닌 궁극적 형태이다.

**나는 생각한다**의 통일성은 앎으로서의 정신이 지닌 궁극적 형태이다. 그리고 모든 사물들은 체계를 구성하면서 **나는 생각한다**의 이러한 통일성으로 환원된다. 관념 세계의 체계는 결국 자기의식이다. 여기서 질문이 제기될 수 있다. 사유자에 상응하는 사유는 자명한 이치가 아닌가? 이것이 신에 대한 불가능한 사유를 의미하지 않는다면 말이다.

우리는 묻는다. 지향성은 항상—후설과 브렌타노가 지향성을 표명한 것처럼—재-현을 토대로 하는가? 또는 지향성은 "의미의 증여"의 유일한 양상인가? 이치적인 것은 항상 주제화와 재현에 상관적인가? 이치적인 것은 항상 다수성과 시간적 분산의 집합의 결과인가? 사유는 곧장 적합함과 진리에 바쳐지는가? 사유는 이상적인 동일성 안에 주어진 것의 파악일 뿐인가? 사유는 본질적으로 사유와 대등한 것에 관한 것인가? 즉, 본질적으로 무신론적athée인가?

### 3. 가책과 무정함

(1) **지향성**으로부터 의식은 의도자volontaire의 양상으로서 이해되어야만 한다. '지향intention'이라는 단어는 이것을 암시한다. 그리고 지향적 의식의 통일성에 부여된 행위의 호명이 정당화된다. 의식의 지향적 구조는 한편으로 재현에 의해 특징지어진다. 지향적 구조는 모든 사변적인 또는 사변적이 아닌 의식의 기초를 이룬다. 브렌타노의 이 견해는 제시될 모든 상세한 설명과 객관화하는 행위의 개념 안에서 둘러싸일 모든 신중함에도 불구하고 후설을 위한 정당성을 보존한다. 의식은 현전, 자기-앞-설정position-devant-soi, 즉 "세속성modanéité", 주어진-존재의-사실을 함축한다. 파악, 장악, 공동의-포착(이해com-prehension), 점유로의 노출.

지향적 의식은 존재 안에서 존재자들의 존재가 펼치는, 모이는 그리고 나타나는 무대 위의 강력한 영향력 아닌가? 이 **본질**[2] 자체를 위한 **본질**의 부단한 노력의 각본 자체로써

2 [옮긴이] 여기서 본질esse은 '존재'를 의미한다. 이에 대한 자세한 내용은 레비나스의 저작 『존재와 달리 또는 존재성을 넘어』 예비 노트를 참조하라.

의 의식, 우리가 명명하는 이 특권적인 동사, 가볍게는 보조적인 이 동사의 형식적인 의미화가 환원되는 **코나투스**의 거의 동어반복적인 실행.

그러나 세계와 대상들로 보내진 의식, 지향성으로서 구조화된 의식은 또한 **간접적으로** 그리고 부가적으로 그 자체의 의식이다. 세계와 대상 그리고 재현의 행위들 자체의 의식을 그려 보는 능동적-자아의 의식, 정신적 활동성의 의식. 그렇지만 간접적인, 즉각적인 의식. 그러나 지향적인, 함축적인 겨냥이 없는 의식 그리고 순수한 부수적 결과의 겨냥이 없는 의식. 지각이 전향하기 쉬울 내적 지각과 구별지을 비-지향적인 것이다.

숙고된 의식, 이것은 자아를, 자아의 상태와 자아의 정신적 행위를 **대상으로 삼는다**. 세계로 보내진 의식이 지향적인 엄정성의 불가피한 소박함naïveté, 비-지향적인 것과 그것의 지평의 간접적인 체험을 잊어버리기 쉬운, 동반하는 것을 잊어버리기 쉬운 엄정성의 불가피한 소박함에 반反하여 도움을 청하는 숙고된 의식.

우리는 그때부터—아마도 너무 빨리—철학에서 아직 명백하지 않은 앎으로서 또는 반성이 충만한 빛으로 이끌 아직 불명료한 재현으로서 이 체험을 검토하게 된다. 반성과 지향적 의식이 명백하고 뚜렷하게 주어진 것으로서, 지각된 세계 그-자체를 나타내는 주어진 것으로서 변환시킬 주제화된 세계의 모호한 맥락을.

숙고된 의식의 시선 아래 자기의식을 위한 장악, 비-지향적인 것과 지향적인 것에 대응하는 체험이 진정한 의미를 보존하고 전달하는지 자문하는 것이 금지되어 있지는 않다. 전통적으로 자기성찰의 측면에 숙련된 비판은 항상 반성에 대해 탐색하는, 주제화하는, 객관화하는 그리고 신중한 시선 아래서 자발적이라고 말해지는 의식이 겪을 그리고 위반과 어떤 비밀의 몰이해로써 의식이 겪을 변화 modification를 의심했다. 항상 반박된 비판, 항상 되살아나는 비판.

우리가 단지 전-반성적이라고 여기는, 그리고 마치 생각하는-자아가 세계에 나타났었고 세계에 속했던 것처럼 반성 안에서 지향적으로 자기-자신을 겨냥하는 지향적 의식을 암시하고 동반하는 이 무반성적인 의식 안에서 무엇이 일어나는가? 이 본래적인 은폐 안에서, 이 말로 표현할 수 없는 방식 안에서, 불명료한 자신의 이 웅크림 안에서 무엇이 일어나는가? 이를테면 실제로 자칭하는 이 혼돈, 이 연루는 무엇을 의미할 수 있는가? 어떤 개념 속에 특별한 것을 **포함하기**와 어떤 개념 속에 전제되는 것을 **함축하기** 사이, 한편으로 어떤 전망 속 가능한 것의 **잠재성**과 전-반성적인 의식 속 비-지향적인 것의 **내면성** 사이를 구별할 필요가 있지 않은가?

(2) 엄밀히 말해 자기의 전-반성적인 의식의 "앎"은 알고 있는가? 모든 의도를 앞서는—또는 모든 의도에서 벗어

난—불명료한 의식, 함축적인 의식. 이것은 행위가 아닌 순수한 수동성이다. 이 수동성은 단지 존재하기를-선택하지-않은 그의 존재 때문도 아니고 혹은 모든 수임assomption 이전에 이미 실현된 가능성들의 뒤섞임 안에서, 마치 하이데거의 내던져져 있음Geworfenheit 안에서와 같은 존재의 실패 때문도 아니다. "의식"은 자기의 앎을 의미하기보다 현전의 소멸 또는 비밀 유지discretion일 것이다. 가책은 지향 없이, 목표 없이, 세계의 거울 안에서 응시하는 인물을 보호하는 마스크 없이 안심하고 머무르는 것이다. (가책에는) 이름, 상황, 자격이 없다. 현전을 두려워하는 현전, 모든 속성이 노출된 현전. 폭로 또는 진리가 밝혀지는 벌거벗음이 아닌 벌거벗음. 비-지향성 안에서 모든 의지 이편, 모든 잘못 이전의 지향적이지 않은 동일화 안에서 동일성은 그것의 표명 앞에서, 동일화의 자기로의 복귀가 반복을 허용할 수 있는 것 앞에서 물러선다. 기소된 유죄성이 없는 그리고 현전 자체에 대해 책임을 져야 하는 유죄성이 없는 가책 또는 무기력함timidité. 임명되지-않은 자, 정당화되지-않은 자, 다윗의 표현에 따르면 "지상의 이방인", 당당하게 들어가지 못하는 조국이-없는 자 또는 거처가-없는 자를 위해 예비하자. 정신의 지향성, 이것은 아마도 본래 그렇다. 세계에서가 아니라 문제로서 그렇다. 무엇에 준거하여, 무엇을 "기념하여" 세계 안에 그리고 존재 안에 이미 놓이고 명확해지는—또는 굳건히 하는—자아는, 자신을 알아보기에 아주 불분명하거나 혹은 아주 수수께끼처럼 남아 있다. 파스칼에 따르면 자기성ipséité의 과장된 동일성의 나타남 자체에서—언어와 '나'를-말함에서—자아는 가증스럽다. 'A는 A이다'라는 당당한 우선권, 이해가능성과 의미작용의 원리, 이 지상권, 인간적인 자아 안의 이 자유는 이를테면 겸허humilité의 도래이다. 이 도래에는 "삶의 의미"의 탁월한 추구—그리고 용이한 수사학—에까지 다시 놓이는 존재의 단언과 강화의 문제화가 있다. 마치 생명, 정신 또는 사회의 합목적성으로부터 이미 의미가 통했던 세계에 자아가 가책에 기원을 두었던 것처럼.

전-반성적인, 비지향적인 의식을 수동성의 이해로 묘사할 수는 없을 것이다. 마치 수동성 안에서 "회피할 수 없는 주격"에 놓이는, 자기 권리로부터 존재로까지 확신하는 그리고 넘어서야 할 정신의 여명기 또는 넘을 수 없는 정신 현상에 이르는 약함의 발로accès로서 비-지향적인 것의 무기력함을 "지배하는" 주체의 반성이 이미 두각을 드러냈었던 것처럼 말이다. 비-지향적인 것은 곧장 수동성이다. 목적격은 어떻게 보면 비-지향적인 것의 첫 번째 "요건"이다. 사실상 어떠한 행위의 상관 요소도 아닌 이 수동성은 비-지향적인 것의 "가책"을 덜 묘사하고 수동성이 가책에 의해 묘사되도록 하지 않는다. 불안 속에 존재하기를 의미하는 유한성이 아닌 가책. 항상 너무 빠른 나의 죽음은 존재로서 존재 안에 지속하려는 존재를 궁지에 몰아넣는다. 그러나 이

스캔들은 존재의 양심을, **코나투스**의 침해할 수 없는 권리에 근거한 도덕을 동요하게 하지 않는다. 비-지향적인 것의 수동성 안에—비-지향적인 것의 "자발성"의 양상 자체 안에서 그리고 이 주체에 대한 "형이상학적인' 관념들의 모든 표명에 앞서—지향적 사유, 앎 그리고 손으로 거머쥐는[지금]main-tenant 지배와 함께 명확해지는 존재 내內 지위가 갖는 정의 자체가 문제시된다. 가책으로서, 즉 이것은 문제가 되고 또한 문제에 있다. 응답해야만 함, 이것은 언어의 탄생이다. 말해야 함, 나를 말해야 함. 일인칭으로 존재하기. 명백히 '나'로 존재하기. 그러나 이때부터 자아 존재의 표명 속 나는 존재의 권리에 응답해야만 한다.

여기서 파스칼이 지닌 깊은 의미가 드러난다. 나는 가증스럽다.

(3) 어떤 익명의 법칙, 어떤 법적인 실체의 추상화에 준거해서가 아니라 타인에 대한 걱정 안에서 존재의 권리에 대해 응답해야만 한다. 나의 "세계에" 또는 나의 "햇살 아래 자리." 나의 집은 억압하는 또는 갈망하는 자아에 의해 이미 다른 사람의 것인 장소들을 찬탈한 것이 아니었던가? 파스칼을 다시 인용해 보면, "햇살 아래 나의 자리, 여기에 온 대지의 찬탈의 시작과 이미지가 있다." 지향적이고 의식적인 나의 존재의 순수함에도 불구하고, 나의 존재함이 폭력과 살해를 실행할 수 있는 모든 것에 대한 두려움을 불러일으킨다. 나의 "자기의식" 뒤편, 그것이 무엇이든 양심을

향해, 존재 속 순수한 머무름으로 되돌아가기 위해 거슬러 올라가는 두려움이 있다. 타인의 얼굴로부터 내게 오는 두려움이 있다. 현상의 조형적 형태들을 해체하는 이웃의 얼굴의 극단적인 올곧음droiture이 있다. 무방비의, 죽음으로의 노출인 올곧음. 이것은 모든 언어, 모든 몸짓 이전에 절대적인 고독의 깊은 곳에서 보내진 요구이다. 이것은 나의 현전과 책임의 문제화이다.

다른 사람의 죽음에 대한 걱정과 책임이 있다. 비록 타인의 죽음에 대한 이 책임의 궁극적 의미가 준엄함 앞에서의 책임이었을지라도. 그리고 임종이 임박한, 죽음에 직면한 다른 사람을 홀로 내버려 두어서는 안 된다는 의무가 있다. 죽음과 마주한—내게 요구하는 얼굴의 올곧음 자체는 마침내 완전히 드러나고 방어 없는 얼굴의 노출과 얼굴 자신과 마주함을 드러낸다—임종이 임박한, 타자를-홀로-두지-않음은 대면confrontation 안에서, 무력한 대립 안에서 나를 부르는 요구에 "제가 여기 있습니다"라고 대답해야만 한다는 데 있다. 아마도 이것이 사회성의 비밀이고 궁극적인 무상함과 공허함 속 이웃 사랑, 사욕邪慾 없는 사랑일 것이다.

타인을 위한 걱정, 이웃의 죽음을 위한 걱정은 나의 걱정이다. 그러나 이는 나를 **위한** 어떤 걱정은 아니다. 따라서 걱정은 『존재와 시간』에서 정감성affectivité을 제시한 현상학적이면서도 놀라운 분석과는 대조된다. 감정이 항상 어떤 마음을 움직이는 감정 또는 자기-자신을 위한 감정인 구조, 두려워하고 기뻐하고 슬퍼하는 등 감정이 동요하는 데 있는 구조, 특히 감정을 느끼는 자에 **대한** 그리고 그 느끼는 **자를 위한** 이중적인 "지향성"의 구조. 이는 불안에 대해서 그렇다. 유한한 존재는 이 유한성 자체를 향해 유한성에 동요하는, 죽음에-있음이다. 다른 사람에 대한 두려움은 나의 죽음에 **대한** 불안으로 돌아오지 않는다. 이것은 하이데거의 **현존재**Dasein 존재론을 넘어선다. 죽음으로의-존재가 끝과 스캔들을 나타내는 "이 존재 자체를 목적으로" 존재하는 양심 저편, 그러나 존재가 도덕적 거리낌을 불러일으키지 않는 존재의 양심 저편, 존재의 윤리적 혼란.

이-존재-자체를-목적으로-하는-존재의 "본성" 안에서, 모든 것은 **손 안의 것**Zuhandenes으로서—심지어 타자도—의미를 갖는 듯하다. 본질적인 본성이 문제시된다. 빛 안의 현상 가운데서 나를 부르고 내게 명령하는 영광으로서 나타낼 수 있을 의미작용의 **과잉**을 의미하는 타인의 얼굴로부터의 전환이 있다. 우리가 신의 말이라고 부르는 것은 나를 부르고 내게 요청하는 요구에서 오지 않는가? 그리고 대화로의 모든 초대 이전부터, 타자의 얼굴이 되기 위해 나를 닮은 개인이 단지 내게 나타나고 밝혀지는 일반성의 형태를 해체하지 않는가? 신은 어떤 사유할 수 있는 것의 주제화에서보다, 내가 모르는 대화의 어떤 초대에서보다, 오히려 불러세움interpellation의 이념에서 오지 않는가? 불러세움이 나를 파악할 수 없는 비지향적 사유 안으로 들어가게 하지 않는가? 세계 존재의 모든 정감성과 관련하여 절대적으로 다른, 재현할 수 없는, 파악할 수 없는 타자에 대해 나를 위한 무관심하지-않음의 새로움, 즉 나를 소환하는 무한은—인간종의 존재자들이 나타나는 그림représentation을 찢는—타인의 얼굴 안에서, 가능한 회피 없이, 유일자로 그리고 선출된 자로 나를 지정하기 위함이다. 신의 부름, 이것은 내게 **관계**라고 말했던 나와 그 사이를 설정하지 않는다. 어떤 자격으로도—공존, 공시성, 이것이 설령 관념적일지라도—항들의 결합일 것을 설정하지 않는다. 무한은 항에서 오는 사유를 위해 의미하지 않을 것이다. 그리고 아듀à-Dieu[3]는 합목적성이 아니다. 이것은 아마도 아듀의 환원불가능성이거나 존재론적 지속 안에서 존재에 이르렀던 혹은 존재 저편에서 영광이 의미하는 궁극적 사유로 간주되는 죽음에 이르렀던 의식이 인간적인 것에서 중단되는 종말론적인 것으로 신에 대한 두려움을 환원할 수 없음이다. 존재와 무의 양자택일은 궁극적이지 않다. 아듀는 존재의 과정이 아니다. 부름에서, 나는 이 부름이 의미하는 타자에게로, 내가 걱정해야 하는 이웃에게로 보내진다.

존재 안에서 분석적으로 또는 본능적으로animalement 지속하는 존재의 표명 뒤 인간 개개인의 삶 속에서, 실존을 위한 그들의 투쟁 안에서 동일시되고 명확해지고 확고해

3 [옮긴이] 아듀는 프랑스어로 '신에게로'라는 뜻도 있지만 오랫동안 혹은 영원한 이별을 할 때 쓰는 작별인사이기도 하다.

지는 동일성의 이상적인 완강함이 있다. 이웃의 얼굴로부터 신에 의해 요청된 자아의 중대한, 의식적이고 합리적인 경이는—자기에게서 벗어난 자아의 경이 그리고 신을 경외하는 자아의 경이—따라서 영원한 것이 중단되었다는 경이이고, 자기-자신에게로 동일한 것이 불가역적으로 회귀retour한다는 것, 논리적이고 존재론적인 특권의 불가침성이 불가역적으로 회귀한다는 것을 뜻한다. 관념적인, 모든 타자성에 대해 부정적인, 제3자를 배제하는 우선권의 중단. 동일자에서 타자로의 관계를 위해 지나도록 하게 하는 전쟁과 정치의 중단. 이것은 자아에 의한 자아의 주권의 폐위에서, 가증스러운 자아의 양상에서 윤리를 의미한다. 또한 영혼의 정신성을 의미한다. 인간적인 것 또는 인간적인 내재성, 이것은 비지향적인 의식의 열세劣勢로의 회귀, 가책으로의 회귀, 죽음보다 더 불의를 두려워하는 가능성으로의 회귀, 저질러진 불의보다 겪은 불의를 더 선호하는 가능성으로의 회귀일 것이다. 그리고 존재를 보증하는 것으로 존재를 정당화하는 것이다. 존재하느냐 존재하지 않느냐, 이제 이것은 전형적인 문제가 아니다.

1983년 베른 대학에서 행한 발표.

# 앙리 네르송

지난 5월 10일, 앙리 네르송 박사가 예루살렘에서 오랜 병고 끝에 돌아가셨다.

그는 스트라스부르에서 1902년 11월 2일에 태어났다. 그곳에서 모든 학업을 마쳤고, 의대에서 클리닉 수장으로 이력을 마무리했다.

그는 전쟁 전 스트라스부르와 파리에서 산부인과 의사로 일한 이력이 있다. 또한 나치 독일 점령하에 있던 자유구역에서 일반의로도 종사했는데, 그는 이 일을 자전거를 타고 100킬로미터 떨어진 베르겐-벨젠Bergen-Belsen 강제수용소에서 흩어진 피난민을 도와주면서도 행했다. 수용된 사람들이 해방된 직후, 그리고 1946년 이래로, 그는 파리에서는 결코 전적으로 직업적인 활동을 다시 하지 않았다. 그는 가장 자신하는 능력으로, 가장 엄격한 양심의 가책으로 직업적인 활동을 실행했다. 그러나 그는 먼저 인간적인 접근으로써 자기에 대한 준엄함 속에서, 이웃을 위한 자신의 쓰임disponibilité을, 타인에 대한 극단적인 관심을 행했다.

도처에서 그가 가담présence했었다는 사실은 위안을 가져

왔다. 그의 윤리적 확실성과 높은 덕성의 잔잔한 광채는 결코 비난이나 교훈으로 나타나지 않았다. 대신에 귀감으로 전파되었다. 무의지적인 그렇지만 최고의 교수법, 덜 강경한 정신들에서, 교육에 불가피한 것처럼 보이는 과오를 잘 보이지 않는 교수법. 동방이스라엘사범학교의 장으로서 나는 4반세기 이상 동안, 그가 이스라엘을 향해 출발했던 일과 그의 고결한 아내의 죽음 이후 5년까지를 겪은 증인이자 수혜자다. 그는 종교 미사와 지성적인 활동에 참여하거나 탈무드와 탈무드 주해 수업을 격려하려고 오퇴이에 있는 학교에 날마다 찾아왔다. 전적으로 충실한 그의 유대주의는 자유와 이성 자체로 드러났고, 몹시 자유로웠다. 세계이스라엘연맹이라는 이 오래된 기관을 나온 각 대륙에 널리 퍼져 있는 역대 많은 졸업생들은 신중하고 점잖게 행위했던, 완벽하게 깨어 있었으며 항상 견고했던 이 사람에 대해 감동과 감사의 마음을 가지고 있다.

그는 인간 종 가운데서도 경탄할 만한 성공작이었다. 그에게 도덕적 고귀함과 솔직함은 광대한 문화, 판단의 명석함, 정신적 상승과 일치했다. 이러한 인간적인 충만함, 학문의 공헌과 유럽의 예술 형식을 비옥하게 하면서 유대주의의 전통적 원천에 몰두할 수 있었던 것, 토라의 구성 요소로서 요구했던 것, 이 모든 것은 유대교와 서양 사이의 "종합"이라는 어떤 이데올로기적 방법에 기인하지 않았다. 앙리 네르송에게 이 모든 것은 매우 자연스럽게 신인일체

神人一體가 되었고, 인간 전부를 얼굴이 되게 하였다.

서양의 가장 높은 가치들은 당연히 토라에 속하는 것으로서 인정되어야만 한다는 것, 이것이 네르송이 스승 "슈샤니"에게서 받았던 지혜였다. 실제로 네르송의 삶에서 일어난 주요 사건과 큰 기쁨을 언급하지 않고서 우리가 그에 대해 말할 수는 없을 것이다. 탈무드의 최고 거장 가운데 한 명이었던, 아마도 예전부터 가장 위대한, 그러나 특히 물리학을 가르칠 줄 알았고 또한 전통 수학과 현대 수학 개론 강의에서 즐거움을 발견할 줄 알았던 한 사람과의 만남과 오랜 교제가 있었다. 기이하고 편력하는 천재! 그가 병세에 시달릴 동안 네르송 박사가 도움을 줬던 이스라엘과 파리의 친구들에게, 예전에 전해 주었던 탈무드의 가르침에, 그의 대담한 새로움에, 항상 "슈샤니"의 사유가 존재했다. 네르송의 눈에—이것은 비밀이었다—죽음의 모든 **믿기지 않음**l'invraisemblable은 불가피한 것 속으로 모여들었다. "슈샤니"와 같은 사람의 두뇌가 사유하기를 멈출 수 있는 가능성이 그것이었다.

스트라스부르, 파리, 예루살렘, 슈샤니가 경험했을 그리고 지나갔을 도처에서, 앙리 네르송은 그에게 존경과 찬미를 바치는, 고통 속에 그의 사라짐을 알게 될 그리고 그를 기억한다는 것 자체가 축복일 남성들과 여성들을 남겨 두었다.

1980년 5월 「커뮤니티 저널」*Le Journal des communautés*에 발표된 텍스트.

# 연대기

잊지 않아야 할 날짜? 어떤 사실? 삶과 활동. 이를 어떻게 요약할 수 있을까? 항상 직접적인 "사건"과 동시대적인, 어떤 역사에서도 기억하지 않는 어둠의 영역이 있지 않은가? 감정, 영혼의 상태, 표현되지 않은 사유, 유명한 한 인간의 연대기 안에서 이 삶의 조각들은 어디로 가는가? 이념과 문자 사이를 일치시켜 보려는 불가능한 일 속에서 쓰라린 경험을 하고 그저 포기된 계획들이 있었다. 미완성으로 10번을 다시 쓴 텍스트. 이 글쓰기 작업, 어떠한 책도 이 작업을 입증하지 못하고, 어떠한 독자도 이 작업에 대해 알지 못한다. 우정, 만남, 사랑, 고통과 즐거움이 있었을까? 전기傳記를 쓰면서 생겨나는 실망, 공공연한 기억의 오류가 있을 것이다.

1906

1월 12일 리투아니아 코브노(현 카우나스)에서 출생. 매우 일찍부터 히브리어를 공부했으며, 그런 후 취학했다. 성서와 러시아 작가들의 작품, 특히 레비나스가 자신의 책에서 여러 차례 인용하기도 한 도스토예프스키 그리고 셰익스피어를 읽었다. 1914년 전쟁 중, 레비나스와 그의 가족은 러시아 제국 하리코프(현 우크라이나 하르키우)로 이주했다. 바로 거기서 부모에게는 두려움으로, 어린 레비나스에게는 어떤 호기심으로 다가온 러시아 혁명을 체험한다.

1923

레비나스는 프랑스로 떠났다. 그리고 스트라스부르에서 철학 공부를 시작한다. 그곳에서 모리스 블랑쇼를 만났고, 이후 그들은 깊고 오랜 우정을 나눈다.

1928-1929

후설과 하이데거의 수업에 참여하며 프라이부르크에서의 대학 생활을 보내다.

1930

박사 논문을 출간하다. 『후설 현상학에서의 직관 이론』.

1931-1932

가브리엘 마르셀에 의해 조직된 철학 모임에 참석했다. 여기에서 다수의 유력인사들(사르트르, 마리탱Maritain)과 교제한다.

1933

… 히틀러.

1936

「철학 연구」에 "탈출에 관하여" 게재.

1939

1930년 프랑스로 귀화한 레비나스는 군대에 동원되었다.

1940

포로로 잡힌 후 독일의 포로수용소에서, 프랑스 군복 때문에 "보호받으며" 전쟁 기간을 보낸다. 리투아니아에 머물렀던 가족 대부분이 나치에 의해 학살당한다.

1947

포로 상태에서 준비한 『존재에서 존재자로』 출간. 장 발이 설립하고 진행한 철학학교에서 "시간과 타자"에 대해 4회 강연했다. 동방이스라엘사범학교 교장으로 지명되었다. 레비나스는 자신이 전쟁 전 일했던 지중해 지역 세계이스라엘 연맹AIU 소속 학교들을 위해 프랑스 교수자들을 구성하는 임무를 맡았다. 슈샤니 선생을 만났다.

"탈무드와 탈무드 해석에 명망이 높은—준엄한—스승"_『어려운 자유』

1957

프랑스에 있는 지성적 유대인들의 학회에서 탈무드 텍스트에 관한 첫 번째 강연이 열렸다.

1961

레비나스의 국가 박사 학위 논문 『전체성과 무한』이 네덜란드 헤이그 소재 마르티누스 니지호프Martinus Nijihoff 출판사에서 출간되었다. 푸아티에 대학 교수로 지명받았다.

1963

유대주의에 관한 에세이 모음집 『어려운 자유』 출간.

1967

낭테르 대학 교수로 지명받다.

1974

확실히 레비나스의 주요 저작이라 할 수 있는 『존재와 달리 또는 존재성을 넘어』가 출간되었다.

"분석들은 항상 주체가 동등하게 하는 것을 주제화하는 **경험**이 아닌, 의도들이 헤아려지지 않았던 것에 대해 주체가 응답하는 초월을 참조한다." _ 『어려운 자유』

1976

1973년 임명되었던 파리 IV(소르본) 대학에서 은퇴했다.

1982

『관념에 오는 신에 대해』 출간.

1984

『초월과 이해가능성』 출간.

1987

논문들의 새로운 모음집 『주체 바깥에서』 출간. 이에 더해 레비나스는 외국과 프랑스에서 강연을 계속한다. 그는 또한 유대교의 안식일마다 당일 유대교 회당에서 읽을 성서 구절에 대해 강의했다.

1991

레비나스에게 헌정된, 철학자들의 미간행 텍스트들을 포함한 두꺼운 총서 『에르네의 노트』*Cahier de l'Herne* 발간. 같은 해 『우리 사이. 타자 사유에 관한 에세이』 출간.

1995

『새로운 탈무드 강해』 출간.

1995. 12. 24.

레비나스 영면에 들다.

가온 드 빌나Gaon de Vilna (1720-1797)
폴란트-리투아니아 연방의 샬레치(현 벨라루스)에서 태어났다. 중세 이래 랍비 연구에서 가장 친숙하고 영향력 있는 인물 중 한 명이다. 기억력이 좋기로 유명했는데, 열 살 때 이미 스승을 능가하는 지식을 가지고 있어 스승의 도움 없이도 공부를 계속할 수 있었고, 열한 살 때는 탈무드 전체를 기억했다고 한다. 그는 토라와 히브리어 문법 연구에 많은 시간을 할애했고, 그 시대의 과학적 지식에도 정통했다.

게루, 마르시알Gueroult, Martial (1891-1976)
프랑스 철학자. 스트라스부르 대학 철학과 교수를 역임했다. 레비나스는 게루가 모든 강의에 미리 써 온 원고를 준비했고 즉흥적인 질문을 싫어했다고 회고한다. 프랑스에서 게루의 저작은 철학사의 고전으로 여겨지고 있다. 대표작으로 『데카르트, 스피노자, 말브랑슈와 라이프니츠에 대한 연구』, 『피히테 연구』, 『칸트와 피히테의 반-독단주의』 등이 있다.

고이엔, 찰스 윌리엄Goyen, Charles William (1915-1983)
미국의 소설가, 극작가, 시인, 교사. 미국에서는 상업적인 성공을 거두지 못했지만, 유럽에서는 높은 평가를 받았다. 글쓰기로는 생계를 유지할 수 없었기에 몇 차례 여러 대학에서 편집자로 일했고 가르치기도 했다. 작품의 주요 주제는 집과 가족, 장소, 시간, 성, 고립, 기억이다.

게마라Guemara
미쉬나에 대한 주석을 일컫는다. 미쉬나와 게마라의 합본이 탈무드이다.

그로스만, 바실리 세묘노비치Grossman, Vasily Semyonovich (1905-1964)
러시아의 저널리스트이자 작가. 그로스만은 종군기자로 스탈린그라드에서 직접 전쟁을 체험했다. 이때의 경험을 바탕으로 나온 그의 대표적인 작품『삶과 운명』은 소련에서 한때 반체제적 성향 때문에 출판이 금지되기도 했으나 그의 사후 톨스토이의『전쟁과 평화』에 비견되며 전체주의를 잘 분석한 책으로 꼽히고 있다.

네르송, 앙리Nerson, Henry (1902-1980)
프랑스 의사. 스트라스부르의 유대인 가정에서 태어났다. 네르송은 비시Vichy에서 슈샤니를 처음 만났으며, 20년간 슈샤니에게 가르침을 받았다. 이후 네르송은 슈샤니를 레비나스에게 소개해 주었다. 레비나스는 『어려운 자유』를 네르송에게 헌정했다.

데리다, 자크Derrida, Jacques (1930-2004)
알제리 출신의 유대계 프랑스 철학자. 데리다는 『글쓰기와 차이』 중 「폭력과 형이상학」 장에서 레비나스 저작에 대한 해박하며 주의 깊은 독서를 통해 레비나스 철학을 비판한다. 데리다는 레비나스의 장례식 때 조사를 낭독했으며, 이는 『아듀 레비나스』라는 책에 실려 있다. 대표작으로 『목소리와 현상』, 『그라마톨로지』, 『후설 철학에서 발생의 문제』, 『마르크스의 유령들』, 『법의 힘』, 『환대에 대하여』 등이 있다.

동방이스라엘사범학교École Normale Israélite Orientale
1865년 파리 16구에 설립되었다. 레비나스는 이곳에서 42세부터 75세까지 책임자로 있었다.

라시Rashi (1040-1105)
중세 프랑스의 랍비로 본명은 라틴어로 살로몬 이사아키데스Salomon Issacides이다. 히브리 성서와 탈무드 주석가로 유명하다. 간결하고 명쾌한 방식으로 텍스트의 본래 의미를 밝혔고, 이후 라시의 주해서들은 후대 랍비들의 성서 연구에 가장 이용 빈도가 높은 참고문헌이 되었다.

레비-브륄, 루시앙Lévy-Bruhl, Lucien (1857-1939)
프랑스 철학자, 사회학자, 인류학자. 인간의 정신이 역사적, 사회적으로 다르다고 하는 가설을 토대로 과학적 사고를 산출하는 개념적·논리적 현대 정신과 심성과 주술적 사고를 산출하는 원시 정신 사이의 관계를 연구했다. 대표작으로 『원시인의 정신 세계』, 『원시인의 신화 체계』, 『원시인의 신비 경험과 상징』 등이 있다.

레비-스트로스, 클로드Lévi-Strauss, Claude (1908-2009)
프랑스 인류학자, 구조주의 철학자. 벨기에 브뤼셀에서 유대계 프랑스인 부모에게서 태어났다. 그가 쓴 「친족 관계의 기본 구조」는 프랑스 학계에 큰 반향을 일으켰고, 이를 통해 명성을 드높이게 된다. 인간의 사회·문화를 이해하는 방법으로서 구조주의를 개척하고 문화상대주의를 발전시켰다. 대표작으로 『슬픈 열대』, 『야생의 사고』, 『신화학』 등이 있다.

로젠츠바이크, 프란츠Rosenzweig, Franz (1886-1929)
현대의 가장 독창적인 유대인 사상가 중 한 명으로 평가받는다. 레비나스는 로젠츠바이크의 대표작 『구원의 별』에서 많은 영감을 받았다. 『구원의 별』에서는 창조·계시·구원의 개념과 신·인간·세계의 개념의 관계를 규명하고 있다. 이른 나이에 근육 퇴행성 질환으로 숨을 거두었다.

롤랑, 자크Rolland, Jacques (1950-2002)
프랑스 철학자. 독서광으로 프랑스 국립 도서관 큐레이터였으며, 레비나스의 사유에 사로잡혀 그의 제자이자 가까운 친구가 되었다. 레비나스 철학과 관련한 책으로 『유목적 진리』*La Vérité nomade*, 『앎과는 다른』*Autre que savoir*, 『다르게의 여정』*Parcours de l'autrement*이 있다. 레비나스의 책 『탈출에 관해서』 해설을 썼고, 레비나스의 강의록을 엮어 『신, 죽음 그리고 시간』이라는 제목으로 발간했다.

뢰비트, 카를Löwith, Karl (1897-1973)
독일 철학자. 후설과 하이데거에게서 학업 지도를 받았으며 1928년 마르부르크 대학 철학 교수가 되었다. 어머니가 유대인이었던 뢰비트는 1936년 나치의 박해를 피해 일본 도호쿠 대학 교수로 부임했다. 이후 일본과 나치 정권의 관계가 깊어지자 다시 미국으로 이주하였다. 전쟁 후 독일로 돌아와 하이델베르크 대학 교수가 되었다. 대표작으로 『헤겔에서 니체로』, 『지식과 신앙 그리고 회의』, 『역사의 의미』 등이 있다.

리쾨르, 폴Ricœur, Paul (1913-2005)
프랑스 철학자. 후설의 『현상학의 이념들』을 프랑스어로 번역했다. 가브리엘 마르셀에게 철학과 신학을 배웠으며, 스트라스부르 대학을 거쳐 파리 낭테르 대학 교수를 역임했다. 68혁명 당시 대학 내 학생들의 소요에 책임을 지고 미국으로 떠난다. 프랑스와 미국 양쪽에서 왕성한 저술 활동과 강의를 했다.대표작으로 『의지의 철학』, 『해석의 갈등』, 『타자로서 자기 자신』, 『시간과 이야기』, 『악의 상징』 등이 있다.

마르셀, 가브리엘Marcel, Gabriel (1889-1973)
프랑스의 철학자이자 극작가. 레비나스는 한때 마르셀이 금요일마다 자신의 집에서 열었던 철학자들의 모임에 참석했고, 『전체성과 무한』을 마르셀에게 헌정했다. 마르셀은 유신론적 실존주의자로서 신이야말로 참된 실재이고 인간관계의 중심에 있다고 보았다. 대표작으로 『형이상학적 일기』, 『존재의 신비』, 『인간 존엄의 실존적 배경』 등이 있다.

메를로-퐁티, 모리스Merleau-Ponty, Maurice (1908-1961)
프랑스 철학자. 신체와 지각의 현상학자로 알려져 있다. 사르트르의 친구로 같이 철학 잡지를 창간하기도 했다. 메를로-퐁티는 몸을 우리의 원초적 지각의 '선험적 근거'로서 발견하며, 몸의 체험을 통해서만 진정한 의미의 지식을 얻을 수 있다고 주장한다. 대표작으로 『지각의 현상학』, 『행동의 구조』, 『의미와 무의미』 등이 있다.

미쉬나michna
히브리어로 '공부'라는 뜻으로, 6부 63장으로 구성되어 있다. 구전된 유대인들의 율법을 수집하여 문서화한 것이다. 미쉬나에 해석과 주석을 달아 이를 성문화한 것이 탈무드다.

발, 장Wahl, Jean (1888-1974)
프랑스의 유대계 철학자이자 시인. 소르본 대학 교수로 있다가 1940년 나치에 의해 쫓겨나 미국으로 건너가 전쟁 후 돌아왔다. 1946년부터 1966년까지 철학 학교Collège philosophique를 세우고 활성화시켰다. 레비나스도 이 학교에 참여했다. 레비나스는 주저 『전체성과 무한』을 장 발에게 헌정했다. 대표작으로 『행동의 구조』, 『의미와 무의미』 등이 있다.

베르그송, 앙리Bergson, Henri (1859-1941)
19세기 후반부터 20세기 초반까지 가장 유명하고 영향력 있는 프랑스 철학자 중 한 명이다. 메를로-퐁티, 레비나스, 사르트르에게 영향을 주었다. 콜레주 드 프랑스 교수였고, 아카데미 프랑세즈 회원이었다. 1927년 노벨 문학상을 수상했다. 지속, 운동, 생生, 진화의 가치에 대해 논하였다. 대표작으로 『물질과 기억』, 『창조적 진화』, 『도덕과 종교의 두 원천』, 『의식에 직접 주어진 것들에 관한 시론』 등이 있다.

베를, 에마뉘엘Berl, Emmanuel (1892-1976)
프랑스의 저널리스트, 역사학자, 수필가. 에마뉘엘 베를은 『실비아』에서 왜 자신이 프루스트와 결별하게 되었는지를 상세히 서술했다. 그것은 베를이 꿈꾸는 사랑에 대한 환상을 깨우쳐 주려는 프루스트의 어두운 비관주의 때문이었다.

보부아르, 시몬 드Beauvoir Simone de (1908-1986)
프랑스 작가, 여성운동가. 사르트르와의 계약결혼을 통해 평생 사르트르와 연인이자 지적 동반자로 남았다. 대표작으로 『제2의 성』, 『노년』 등이 있다.

볼노우, 오토 프리드리히Bollnow, Otto Friedrich (1903-1991)
독일 철학자. 1953년부터 1970년 은퇴할 때까지 튀빙겐 대학 교수로 있었다. 딜타이의 해석학 연구를 발전시켰고, 교육학의 철학적 기초에 관심을 가졌다. 레비나스는 그를 다보스 포럼에서 만났다.

부버, 마르틴Buber, Martin (1878-1965)
독일의 유대계 철학자. 1938-1951년 동안 이스라엘 예루살렘에 있는 히브리 대학에서 교수를 지냈다. 시온주의 운동에 적극적으로 가담하기도 했다. 레비나스와 부버는 1958년 서로 알게 되었다. 이후로 이들은 텍스트를 통해 서로의 생각을 나누었다. 레비나스는 한편으로 부버를 칭송하기도 했지만 다른 한편으로 부버의 '나-너' 관계의 상호성을 비판했다. 대표작으로는 『나와 너』, 『인간의 문제』 등이 있다.

브롱델, 샤를Blondel, Charles (1876-1939)
프랑스 철학자이자 심리학자. 1차 세계대전 후 스트라스부르 대학에서 심리학을 가르쳤다. 레비나스는 브롱델의 수업을 들었고, 그를 친근한 스승으로 기억한다. 또한 레비나스는 그를 반프로이트주의자로 분류한다. 브롱델은 정신분석학이 전통적 심리학에 뿌리를 두고 있다고 강조하며, 프로이트를 비판한다. 대표작으로 『병든 의식』, 『집단심리학 입문』, 『정신분석』 등이 있다.

브룅슈비크, 레옹Brunschvicg, Léon (1869-1944)
프랑스 철학자. 베르그송과 대조적으로 과학 친화적인 합리주의자이자 칸트적 관념론자로 알려져 있다. 그는 철학을 과학에 대한 성찰로 보았고, 인간 정신의 진보를 역설하였다. 40대에 소르본 대학 교수가 되었으며, 레비나스는 항상 그를 동경해 마지않았다. 대표작으로 『수학 철학의 단계들』, 『인간 경험과 물리적 인과성』, 『이성과 종교』, 『철학적 글쓰기 I, II, III』 등이 있다.

블랑쇼, 모리스Blanchot, Maurice (1907-2003)
프랑스의 저널리스트이자 작가. 스트라스부르 대학에서 철학을 전공했고, 이 시기 레비나스와 만나 평생의 우정을 나눈다. 정치적 활동에 활발히 참여하였으며, 문학 비평과 소설 쓰기에 천착하여 많은 글을 남겼다. 그의 저술은 당대 프랑스 철학자들(들뢰즈, 사르트르, 푸코 등)에게 지대한 영향을 끼쳤다.

사르트르, 장-폴Sartre, Jean-Paul (1905-1980)
20세기 프랑스를 대표하는 작가이자 실존주의 철학자. 1964년 노벨 문학상 수상 대상자로 지명되었으나 거부했다. 다양한 정치적 활동에 참여하며 행동하는 지식인의 모습을 보여주었다. 철학, 문학, 정치 평론과 관련한 다양한 작품을 남겼으며 대표작으로 『존재와 무』, 『실존주의는 휴머니즘이다』, 『구토』, 『말』, 『닫힌 방』, 『문학이란 무엇인가』 등이 있다.

쇼아Shoah
쇼아는 히브리어로 '절멸'을 뜻한다. 1985년 프랑스의 클로드 란츠만 감독은 《쇼아》라는 제목으로 홀로코스트를 다룬 9시간 30분에 달하는 다큐멘터리 영화를 발표한다. 이 영화는 홀로코스트 당시의 기록 영상을 사용하지 않고, 관련자들의 인터뷰로만 구성하여 홀로코스트에서 벌어진 일들을 왜곡하지 않으면서도 그 참상의 기억을 불러내었다.

슈샤니, M. Chouchani, M. (1895-1968)
슈샤니는 수수께끼 같은 유대인 교사의 별명이다. 본명을 포함해 그에 대해 알려진 것이 별로 없다. 그의 묘비에는 "축복받은 기억의 지혜로운 랍비 슈샤니. 그의 탄생과 삶은 수수께끼로 봉인되었다"라고 쓰여 있다. 이 글귀는 엘리 비젤이 쓴 것이다. 비록 슈샤니의 저작으로 알려진 바는 없지만 학생들에게 미친 영향으로부터 그의 강한 지적 능력을 엿볼 수 있다. 슈샤니는 방랑자의 외모를 지녔지만 과학, 수학, 철학, 특히 탈무드를 포함한 인간 지식의 광대한 영역의 달인이라는 평가를 받았다. 그의 생애에 대해서는 대부분 제자들의 작품과 인터뷰, 그가 생전에 만났던 사람들의 일화를 통해서만 알려져 있다.

아그논, 슈무엘 요세프Agnon, Samuel Josef (1888-1970)
이스라엘 소설가. 유대 민족의 문화를 종교적 색채가 짙게 그렸으며, 1966년 노벨 문학상을 받았다. 대표작으로 『바다의 심장에서』, 『버림받은 아내들』, 『두려움의 날』 등이 있다.

아렌트, 한나Arendt, Hannah (1906-1975)
독일 하노버 출신 유대인 철학자. 하이데거와 야스퍼스를 스승으로 삼았으며, 2차 세계대전 당시 나치의 탄압을 피해 미국으로 이주했다. 1960년 예루살렘에서 진행된 나치 전범 아돌프 아이히만에 대한 재판에 참석하여 관찰한 후 '악의 평범성'이라는 개념으로 『예루살렘의 아이히만』을 집필하게 된다. 대표작으로 『전체주의의 기원』, 『인간의 조건』, 『정신의 삶』, 『책임과 판단』 등이 있다.

아보트Avoth

랍비 유대 전통에서 나온 윤리적 가르침과 격언 모음집. 도덕과 윤리에 대한 유대인의 견해에 관한 명언과 관찰들을 담고 있다. 상대적으로 할라카(법률)가 적게 나타난다.

알박스, 모리스Halbwachs, Maurice (1877-1945)

프랑스 사회학자. 스트라스부르 대학 교수 시절 사회학을 가르쳤고, 레비나스는 그의 수업을 들었다. 2차 세계대전 중 포로로 잡혀 생을 달리했다. 대표작으로 『자살의 원인들』, 『사회형태론』, 『사회계급론』 등이 있다.

알키에, 페르디낭Alquié, Ferdinand (1906-1985)

프랑스 철학자. 소르본 대학 철학과 교수였고, 레비나스의 동료였다. 데카르트, 칸트, 스피노자에 관한 많은 책을 출간했다. 앙드레 브르통과 가까웠고 『초현실주의 철학』을 출판하기도 했다.

앙리, 미셸Henry, Michel (1922-2002)

프랑스의 현상학자로 삶의 현상학을 수립했다. 현상학의 의미를 '나타남' 그 자체와 관계하는 것으로 보았다. 대표작으로 『나타남의 본질』, 『물질 현상학』, 『야만』, 『육화, 살의 철학』 등이 있다.

장켈레비치, 블라디미르Jankélévitch, Vladimir (1903-1985)
러시아계 프랑스 철학자, 음악학자. 그의 부모는 유대인으로 박해를 피해 프랑스로 이주해 왔다. 1922년 고등사범학교에 입학하고 1923년 베르그송을 만난다. 첫 저서는 『앙리 베르그송』이다. 1951년부터 1979년까지 소르본에서 도덕 철학 교수로 있었다. 레비나스의 교수 자격 논문 심사를 맡기도 했던 그는 레비나스에게 경의를 표하며 "당신이 여기 내 자리(심사위원 자리)에 앉았어야 했을 텐데요"라고 말한 바 있다.

전이스라엘연맹Alliance Israélite Universelle
1860년 전 세계 유대인들의 인권을 보호하기 위해 설립된 파리에 본부를 둔 국제 유대인 단체이다. 이 연맹은 교육과 전문적 발전을 통한 유대인의 자립을 장려하고 정치적 지원을 제공했다. 1945년에 정치적 시오니즘(유대인 국가 수립)에 대한 지지를 표명했다. 이 연맹의 표어는 "모든 유대인은 서로를 책임져야 한다"이다.

카르트롱, 앙리Carteron, Henri (1891-1927)
프랑스 철학자. 스트라스부르 대학 교수로 아리스토텔레스와 토마스 아퀴나스에 관해 강의했다. 레비나스는 그의 수업을 들었다. 세심한 성격으로 정확한 지식과 그 지식을 설명하는 형식을 중요하게 여겼다. 이른 나이에 생을 달리했다.

카시러, 에른스트Cassirer, Ernst (1874-1945)

독일의 유대계 철학자. 칸트 연구에 기반을 둔 신칸트학파, 마르부르크 학파에 속한다. 독일 함부르크 대학, 영국 옥스퍼드 대학, 미국 예일·컬럼비아 대학 교수를 역임했다. 레비나스는 1929년 3월 17일부터 4월 6일까지 열렸던 다보스 포럼에서 카시러를 만났다. 문화철학자로 거론되는 카시러는 인간 문화를 상징 차원에서 이해한다. 대표작으로 『상징 형식의 철학』, 『언어와 신화』, 『국가의 신화』, 『인간에 대한 에세이』 등이 있다.

코헨, 헤르만Cohen, Hermann (1842-1918)

독일의 유대계 철학자. 신칸트학파 중에서도 마르부르크 학파의 창시자이다. 종종 19세기의 가장 중요한 유대인 철학자로 여겨진다. 마르부르크 대학 교수를 역임했고, 카시러가 제자였다. 코헨은 칸트의 3대 비판서를 철저히 해석한 책을 출판하고 이후 1902년부터 자신만의 체계적 철학이 담긴 책을 연이어 출판(『순수 인식의 논리학』, 『순수 의지의 윤리학』, 『순수 감정의 미학』)하기 시작했다. 코헨은 직관과 물자체는 폐기되어야 하며 순수 사유만이 철학적 논의의 대상이 되어야 한다고 보았다. 순수 사유란 보편 타당하고 필연적이며 객관적인 과학적 사유, 즉 수학과 자연과학을 가리키는데, 이것은 순수 인식이다. 코헨은 순수 인식의 논리를 윤리학과 미학에도 적용한다.

쿤데라, 밀란Kundera, Milan (1929- )

체코 출신 소설가. 프라하 예술아카데미AMU에서 시나리오 작가 및 영화감독 수업을 받았다. 첫 번째 소설 『농담』이 프랑스에서 번역되자마자 그의 명성이 널리 알려졌다. 프랑스로 망명해 귀화했다. 대표작으로 『참을 수 없는 존재의 가벼움』, 『정체성』, 『향수』, 『느림』 등이 있다.

탈무드Talmud

히브리어로 '연구', '배움'이라는 뜻이다. 유대인들이 여러 곳으로 뿔뿔이 흩어지게 되자 민족의 동질성을 유지할 수 있는 방법으로 탈무드를 구상하게 되었다. 『탈무드』의 내용은 기원전 500년부터 서기 500년에 걸쳐 약 1천 년 동안 구전되어 오던 것을 2천여 명의 학자들이 10년 동안 편찬한 것으로 유대교의 율법, 전통적 습관, 축제, 민간 전승 등을 총망라한 유대인의 정신적·문화적 유산이다.

토라Torah

'가르침'을 의미하며, 율법, 혹은 구약의 모세 오경을 뜻한다. 더 넓게는 구약 전체를 뜻하기도 한다.

토세프타/토사피테Tosefta(Tossafiste)

미쉬나에 빠진 법 해석, 교훈을 보충하여 편찬한 주석과 보충을 토세프타라고 한다. 토세프타 작성자들을 토사피테라고 한다. 현대 탈무드 편집자들은 토세프타를 미쉬나 본문 왼쪽 상단에 기록하여 독자들이 쉽게 알아볼 수 있게 했다.

포그롬pogrom
유대인 박해를 뜻한다.

푸코, 미셸Foucault, Michel (1926-1984)
프랑스 철학자. 고등사범학교 졸업 후 스웨덴, 폴란드, 독일의 프랑스 문화원에서 일했고, 1970년 이후로는 콜레주 드 프랑스의 교수로 있었다. 푸코는 정신의학, 형벌 제도, 성의 역사에 대한 분석과 비판으로 널리 알려져 있다. 대표작으로 『임상의학의 탄생』, 『말과 사물』, 『지식의 고고학』, 『광기의 역사』, 『성의 역사』, 『감시와 처벌』, 『비정상인들』 등이 있다.

프라딘느, 모리스Pradines, Maurice (1874-1958)
프랑스 철학자. 감각의 문제를 철학적으로 발전시켰다. 그에게 감각의 문제는 영혼과 육체의 결합으로 환원된다. 레비나스가 스트라스부르 대학에 재학하던 시절 '철학 개론' 수업을 담당했고, 레비나스의 박사 학위 논문을 지도했다. 대표작으로 『감각의 철학』, 『지각의 기능』 등이 있다.

피에르, 아베Pierre, Abbé (1912-2007)
본명 앙리 그루에Henri Grouès. 프랑스의 신부. 잠시 하원의원을 지냈던 정치인이자 빈민 구제 운동에 헌신했던 성직자로 프랑스 현대사에서 가장 존경받는 인물로 평가된다. 2차 세계대전 당시 레지스탕스 활동에 가담했고, 이때 유대인들을 스위스로 피신시키는 일에 앞장섰다. 1945년 하원의원으로 당선되었으며, 의원 생활 중 월급 전액을 빈민 구호 활동에 썼다. 1954년 노숙자들의 숙소를 짓기 위해 엠마우스Emmaüs 재단을 세워 종교를 초월하여 빈민, 노숙자 등 사회적 약자들을 구제하는 사회운동에 일생을 바쳤다.

하가다hagadah

히브리어로 '이야기'라는 뜻으로, 유대교의 전설이나 격언, 잠언, 민담을 포함하는 랍비 문학 형태를 말한다.

하시디즘hassidisme

히브리어 하시드(경건한 자)에서 유래한 내면성을 중시하는 유대교의 경건주의 운동을 말한다.

하이데거, 마르틴Heidegger, Martin (1889-1976)

독일 프라이부르크 대학에서 박사 학위와 교수 자격을 취득하고 후설의 가르침을 받았다. 후설의 후임으로 교수가 되었으며, 프라이부르크 대학 총장직까지 올랐다. 나치를 지지하는 발언을 한 바 있으며, 레비나스는 이에 실망하여 「히틀러주의 철학에 대한 몇 가지 단상」이라는 글을 발표한다. 그렇지만 레비나스는 하이데거의 책 『존재와 시간』에 대해서는 찬사를 아끼지 않았다. 『존재와 시간』은 하이데거를 세계적인 철학자의 반열에 오르게 해 준 책이다. 이 외에도 『형이상학이란 무엇인가』, 『이정표』, 『숲길』, 『언어로의 도상에서』 등의 저작이 있으며, 지금도 독일에서 전집이 출간되고 있다.

할라카Halakha

히브리어로 '길'이라는 뜻이 있으며, 유대인이 따라야 할 도덕 법칙과 법률, 관습 등을 총망라한 율법이다.

후설, 에드문트Husserl, Edmund (1859-1938)

독일 철학자. 현상학의 창시자. 프라이부르크 대학 교수를 역임했다. 이때 레비나스는 프라이부르크로 건너가 후설의 수업을 듣고 하이데거도 만난다. 4만여 쪽에 달하는 후설의 미발간 유고는 나치에 의해 사라질 뻔했으나, 반 브레다Van Breda 신부에 의해 옮겨져 벨기에 루뱅 대학의 '후설 문서 보관소'에 보존된다. 후설의 대표작으로 『논리 연구』, 『엄밀한 학으로서의 철학』, 『유럽 학문의 위기와 선험적 현상학』, 『데카르트적 성찰』 등이 있다.

# 옮긴이의 말

대학 시절 레비나스 철학에 대한 반발심으로 시작된 레비나스 연구는 레비나스 텍스트의 오해와 오독 심지어 반역反譯에 이르기까지 했다. 레비나스 철학의 비판을 먼저 염두에 두다 보니 공부는 본질에 다가가기보다 지엽적 문구만을 찾는 데 몰두하기 급급했다. 이에 레비나스 철학을 이해하기 위한 전환이 필요했고, 그의 사상적·실존적 삶을 좇는 여정의 시작으로 스트라스부르를 선택했다. 그가 강의를 듣기 위해 드나들었을 대학 건물과 교정, 왕래했을 거리를 거닐며 이방인으로서의 체험을 마찬가지로 느꼈다. 하지만, 레비나스에게 전혀 장애가 되지 않았던 '언어(프랑스어)'가 내게는 문제가 되었다. 레비나스처럼 사전을 옆에 끼고 프랑스어 텍스트를 읽어 내려갔지만, 결코 '그'만큼의 언어적 탁월함을 가질 수는 없었다.

이 책은 1986년 4월과 5월에 걸쳐 작가이자 철학자인 프랑수아 푸아리에가 에마뉘엘 레비나스와 나눈 이야기를 담은 대담집이다. 이 대담집은 레비나스 철학의 내용을 이해하기 전 그의 삶을 살펴보기 위해 집어 든 책이었다. 필립 네모와 레비나스가 1981년 2-3월에 나눈 대화 내용이 『윤리와 무한』이라는 제목으로 이미 국내에 소개되기도 했지만, 레비나스의 삶을 들여다보기엔 충분치 않았다. 또 다른 레비나스와의 여러 짧은 대담집도 있지만 마찬가지로 그의 삶을 조망하기에는 부족하다. 하지만 푸아리에와의 대담집에서 레비나스는 많은 분량을 할애하여 자신의 유년 시절, 스트라스부르 유학 시절, 전쟁 중 포로 시절에 대해 자세히 이야기하고 자신의 인생에 영향을 끼쳤던 인물들(후설, 하이데거, 블랑쇼, 사르트르, 아베 피에르, 네르송 박사, 슈샤니 등)에 대한 기억을 상세히 떠올리며 말하고 있다. 물론, 자신의 철학의 주요 개념들이 탄생한 배경에 대해서도 설명하고 있다. 따라서 레비나스 철학에 입문하기 위해 그의 삶과 사상을 이해하는 데 이보다 좋은 책은 없을 듯하다. 왜냐하면 그의 주요 저작에서 나타나는 철학적 개념이 이 대담집에서 순차적으로 설명되고 있기 때문이다.

신실한 유대인 집안에서 태어난 레비나스는 유대 문화와 러시아 문화를 함께 경험하며 유년 시절을 보냈다. 이 같은 경험은 그의 사상 전반에 걸쳐 녹아들어 있다. 예를 들어, 도스토예프스키나 탈무드의 인용이 이를 입증해 준다. 또 스트라스부르 유학 시절 블랑쇼와 평생의 우정이 싹트는 시기, 후설과 하이데거를 만나 가르침을 받았던 시기의 일화는 레비나스의 입을 통해 직접 전달되는 생생한 이야기로 다른 책에서는 찾아볼 수 없는 귀중한 내용이다. 그리고 객관적인 입장에서 비대칭적 관계 속 나의 책임에 대한 무모한 요구에 대해 묻는 푸아리에의 예리한 질문에 레비나스의 의견을 들을 수 있는 의미 있는 답변도 담겨 있다. "타자가 '나'에 대한 의무로서 갖는 것, 이것은 그의 문제입니다. 이것은 '나'의 문제가 아닙니다." 이것은 타자가 항상 내가 책임져야 하는 나보다 우위에 있는 자者라고 주장하는 레비나스의 생각을 엿볼 수 있는 대목이다. 이 생각이 레비나스 사유 전체를 휘감아 도는 큰 물줄기일 것이다.

레비나스는 인간의 선함, 인간의 인간성을 바실리 그로스만이 쓴 『삶과 운명』이라는 소설의 장면을 차용하여 말한다. 가장 비인간적인 처지에서 지극히 인간적인 상황의 묘사, 레비나스는 인간만이 행할 수 있는 이 선함에 주목한다. 총칼이 난무하여 사람의 목숨이 나뭇잎 떨어지듯 하는 전쟁 상황 속에서, 타자를 적으로서 악을 악으로 갚기보다 선으로 되돌려주는 인간의 성스러움을 레비나스는 본다. 역사는 되풀이된다고 했던가! 현재 러시아-우크라이나 사태는 다시금 레비나스 철학을 떠올리게 한다. 전쟁 경험을 통해 체제나 정치의 변화만으로 전쟁을 막을 수 없음을 깨달은 레비나스는 타자의 자리를 침탈한 나의 이기주의를 타자의 죽음에 무관심함 없이 책임 있는 자로 전환하는 주체를 강조한다. 전쟁이 아닌 평화를 위해!

레비나스는 궁극적으로 '사랑'을 이야기한 것이나 다름없다. 이 세계에서 유일하게 나를 불러세우는 타자를 위해 보내는 사랑은 타자 옆 타자, 그 옆의 타자에게도 마찬가지로 보내질 것이다. 나는 내가 보내는 사랑이 부족하지는 않을지만을 염려해야 한다. 우리는 사랑에 상호성을 기대하지 않는다. 나는 늘 더 많이 더 깊이 사랑하지 못했음을 부끄러워해야 한다. 나를 위한 그의 사랑은 그의 몫이다. 따라서 나는 어제보다 오늘 더 많이 사랑하고 오늘보다 내일 더 많이 사랑하는 삶을 살면 된다. 적어도 우리가 레비나스를 통해 '한계 없는' 무한을, 그래서 무한한 책임·사랑을 이해했으니 말이다.